养导向的化学大单元

学实践探索

颖 ◎ 著

新理念 · 新课程 · 新课堂

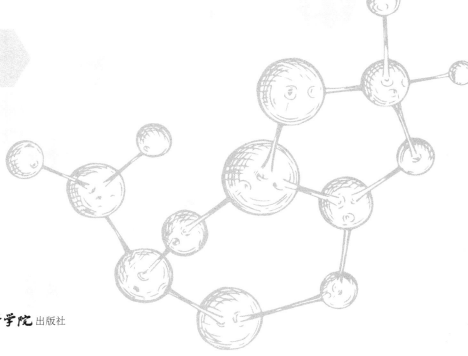

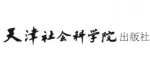天津社会科学院出版社

图书在版编目（ＣＩＰ）数据

　　新理念·新课程·新课堂：素养导向的化学大单元
教学实践探索 / 程颖著. —— 天津 ： 天津社会科学院出
版社，2024.2
　　ISBN 978-7-5563-0962-7

　　Ⅰ．①新… Ⅱ．①程… Ⅲ．①中学化学课－教学研究
Ⅳ．①G633.82

中国国家版本馆CIP数据核字(2024)第054810号

新理念·新课程·新课堂:素养导向的化学大单元教学实践探索
XINLINIAN · XINKECHENG · XINKETANG:SUYANG DAOXIANG DE HUAXUE DADANYUAN JIAOXUE SHIJIAN TANSUO

选题策划：柳　晔
责任编辑：柳　晔
责任校对：王　丽
装帧设计：高馨月
出版发行：天津社会科学院出版社
地　　址：天津市南开区迎水道７号
邮　　编：300191
电　　话：（022）23360165
印　　刷：英格拉姆印刷（固安）有限公司
开　　本：787×1092　　1/16
印　　张：15.75
字　　数：255千字
版　　次：2024 年 2 月第 1 版　　2024 年 2 月第 1 次印刷
定　　价：79.00 元

序 言

在全国高校思想政治工作会议上,习近平总书记强调"要坚持把立德树人作为中心环节,把思想政治工作贯穿教育教学全过程"。核心素养导向的下的新课程建设,需要在新课堂上探索新理念,发挥培根铸魂、启智增慧的作用,坚持马克思主义的指导地位,把马克思主义中国化最新成果系统纳入学校课程中去,用习近平新时代中国特色社会主义思想铸魂育人的路线图,从而推动学习贯彻习近平新时代中国特色社会主义思想走实走深。

"教而不研则浅,研而不教则空。"近年来,天津市第七中学研教结合、以研促教,用教研理论引导教学实践的活动,通过教研活动促进教师的专业成长,不但有效提高了教师教学和科研水平,使学校的教育科研谱写了一篇又一篇新的华章,而且通过教育科研的引领与辐射作用,有力推动了学校教育教学质量的稳步提升,使"发展潜能教育"成为天津七中教育一张亮丽的名片。

回首过去,全校师生万众一心,推动天津七中这艘巨轮满载着梦想扬帆起航。教师们立足于立德树人根本任务,围绕着新课程改革、核心素养培育等,不断优化着教学方法和教学手段,也更新了教育理念和教学策略,让莘莘学子饱受知识灵光的沐浴和润泽。教师在言传身教的同时,还把对教育教学的思考变成了文字,时刻践行着"追求卓越,慧育英才"的办学理念,不断提升自我,在育人模式和教育评价机制改革上卓有成效,涌现出一批"有理想、肯奉献,有学识、勇担当"的优秀教师。

习近平总书记指出:"一个人遇到好老师是人生的幸运,一个学校拥有好老师是学校的光荣,一个民族源源不断涌现出一批又一批好老师则是民族的希望。"程颖老师是天津七中的优秀教师,是天津市学科骨干教师、天津市学科领航教师、第三届河东区名师、河东区学科名师、国培计划初中化学骨干教师研修优秀学员、名师工作室领衔人、河东区专业指导组成员、河东区兼职教研员。做研究型的教师,是教师保持教学活力的良方,教学二十多年来,程颖老师一直保持着教学研究的态度,不断提升教学实践能力。程颖老师的课获得"一师一优课"省部级优课、全国优质课大赛、全国说课标比赛、天津市实验教学说课、天津市微课比赛等多项大赛一等奖；天津市教科研大会上作"承担时代使命引领教学创新"的发言。他独立承担和主要参与了市级课题五项、独立承担区级课题一项、参与国家课题一项,撰写的多篇论文获奖,并发表在期刊上,参与出版了多部专著。"程颖名师工作室"在引领教师成长方面取得了一定成果,为天津市化学学科的教育发展作出颇多贡献。

当我打开程颖老师这本专著,我内心涌动的是无限的感动、惊喜和自豪。书中既有她从教学实际中得来的鲜活案例,又有对课堂教学过程的精心设计,更有对日常教育教学活动的独到见解。程颖老师创新思维,聚焦化学学科的大单元实践,帮助学生建立起学科的系统认识,掌握学习化学的方法,培养学生的化学核心素养,捕捉每一个教育教学中的"火花",把每一次对教育教学的探索与思考撷取下来,通过朝花夕拾、含英咀华,终于聚沙成塔,取得了丰硕的成果,而本书正是最好的印证。

这本书凝聚了程颖老师潜心教育、默默耕耘的满腔热忱和点点心血,更充分体现了程颖老师对教育本真的不懈追求。学科建设之路征途漫漫,本书对化学学科的教育同仁们来说,无疑是良好的借鉴与参考范本;对教师们而言,可以以此为途径学习身边的名师榜样。新理念、新课程、新课堂,希望每一位七中的教师,都能充分利用教研时间,在学习中研究,在研究中实践,在实践中反思,让思想的火花绽放精彩,让行动的成果积淀希望,朝着教育教学专业化发展的方向不断努力迈进。天津七中将继续秉持"为党育人、为国育才"的办学宗旨,聚焦发展学生核心素养,培养学生适应未来发展的正确价值观、必备品格和关键能力,坚定不移创新发展、勤勉认真、行而不辍,努力把育人蓝图变为现实,培养一代又一代在社会主义现代化建设中可堪大用、能担重任的栋梁之才,为实现中华民族伟大复兴作出新的更大贡献!

（天津市第七中学校长）

前　言

核心素养是学科育人的集中体现,化学课程要培养的核心素养是中国学生发展核心素养在化学课程中的具体化,反映了义务教育化学课程的教育价值与育人功能,体现了化学学科育人的基本要求,全面展现了化学课程学习对学生发展的重要价值。目前,将素养仅仅视为素质的简单延伸,如认为素养就是素质,大单元教学就是教材中的单元,知识的迁移仅仅局限于练习题的"举一反三"等。随着几轮课程改革的进行,我们的课堂发生了很大的变化,教师要经历蜕变和提升,让课堂不再单纯传授知识与考试应试,而是成为唤醒学生的潜能充满生命力的地方。以素养为导向的教学改革深度诠释了改革理念的蕴含。

2022年4月,《义务教育课程方案(2022年版)》及《义务教育化学课程标准(2022年版)》正式出版发行,学科核心素养成为教师研究的焦点。学科核心素养是教学变革与课程创新的引擎,大概念成为实现教学变革与课程创新的着力点在大概念视角下,重新定义了"单元"的概念,将单元定义为实现素养目标的单位。教学中教师精选学科内容,重视以学科大概念为核心,使课程内容结构化,以主题为引领,使课程内容情景化,促进学科核心素养的落实。本书立足实现学科素养的实践性与可操作性,从教师的视角,在已有的经验基础上,通过基于大概念的单元教学,统整中学化学教学单元,以培养学生素养为导向,设计教学全过程,采用大单元多层级教学模式,使教师由教知识到教素养。

本书一共分为九个章节,分别从理论背景、学生培养、学科素养、学科大概念、体系构建、教学设计、思政元素、数字赋能、跨学科应用、案例实践这几个方面,对基于化学核心素养的大单元教学提出了思考。第一章对学科核心素养国内外研究现状和大单元教学国内外研究现状做了论述;第二章主要聚焦于学生学习素养的培养,提高学生的化学素养,便于学生的化学学习;第三章提出为实现学生学习过程与化学核心素养内容之间的有效对接,大单元教学设计是解决这一问题的重要途径;第四章提出学科核心素养落实的重要途径之一是以学科大概念为引领的单元主题教学;第五章聚焦于初中化学大概念下大单元多层级教学的总体规划,包括其内涵解读、体系层级、实践探索和实践案例;第六章继续深耕教学,包括知识内容、创设情境、化学实验和教学作业等方面的拓展;第七章引入了思政元素,探讨思政化教学下,化学课堂高质量纵深发展;第八章从构筑数字资源平台、教师教研方式创新以及进行仿真实验等方面探索数字教学;第九章主要介绍了大单元教学初中化学学习中数学、物理跨学科应用的思考;最后聚焦于具体的教学案例,通过展示教学案例和活动策划,希望可以为中学化学教学的具体实践提供一些参考。

本书依据《义务教育化学课程标准(2022年版)》进行大单元多层级的教学设计,内容实用性强,对课标下的中学化学教学有较强的借鉴意义。编辑出版此书,是希望帮助更多同道中人在新课程标准要求下更高质量地完成中学化学课程的教育,也为探索中学化学的教学变革与课程创新贡献出自己的一分力量。本书能够顺利出版,离不开各级领导和各方专家的支持帮助,在此表示衷心感谢。书中的疏漏和不足之处,也敬请广大读者进行批评指正。

程 颖

2023 年 9 月

目 录

绪　论

随着时代的发展,化学课程被赋予了"立德树人"的重要功能,旨在培养学生的核心素养。在义务教育阶段,化学课程是学生学习化学知识的重要基石。然而,处于义务教育阶段的学生初次接触新学科,他们尚未建立完善的知识体系和结构化的逻辑思维。因此,帮助学生建立起对学科的系统认知,掌握学习化学的方法,培养他们的化学核心素养至关重要。

大单元教学是深化化学教学改革、积极探索学科核心素养本质、适应未来化学教育发展的一种新型教学设计模式。其显著特点在于系统性,采用了"总—分—总"的教学方式。大单元教学通过真实的情境设置和衔接有序的教学活动,帮助学生构建起系统的知识结构,掌握学科学习的方法,并培养他们的思维能力,以解决真实问题。因此,大单元教学被视为实现化学核心素养的重要途径。近年来,以学科核心素养为导向的大单元教学成为当前教育改革的研究热点。

一、时代要求:义务教育阶段要落实立德树人的根本任务

2016 年,中华人民共和国教育部公布了《中国学生发展核心素养》总体框架,把学生核心素养界定为"学生应具备的,能够适应终身发展和社会发展需要的必备品格和关键能力"。核心素养当之无愧成为基础教育的总目标、总方向,落实核心素养成为推进教育改革的重要内容,而充分把握各个学科的核心素养是实现核心素养的手段和途径,是落实和推进课程改革的必然要求,但这需要一个漫长的探索过程。长期以来,学生的学习往往以单纯的知识获取或技能的反复训练为主,缺乏对知识的继续思考与深入研究,不利于学生形成完整的知识网络,无法理解学科的本质,这成为学生核心素养形成的阻碍。

2019 年 12 月,教育部发布《关于加强和改进新时代基础教育教研工作的意见》一文中指出坚持以习近平新时代中国特色社会主义思想为指导,全面贯彻党的教育方针,落实立德树人根本任务遵循教育规律,树立科学的教育质量观。其中,报告指出要突出全面育人研究。聚焦构建德智体美劳全面培养的教育体系,强化学科整体育人功能,突出时代性、整体性和综合性。

因此,在义务教育阶段,要将核心素养作为立德树人的根本任务,通过全面育人的方式,注重学科整体育人功能的发挥,培养学生的全面发展和终身学习能力,以更好地适应社会发展的需求。这需要教育界共同努力,不断探索创新,推动学科教育与核心素养的有机融合。

二、课标要求:建构大概念统领的化学课程内容体系

义务教育化学课程是引导学生从化学视角认识物质世界的一门基础自然科学课程,具有启蒙性、实践性与发展性的特点,这对落实立德树人根本任务和学生全面发展具有重要价值。

为进一步推动新一轮课程改革,新课标提出要建构大概念统领的化学课程内容体系、充分发挥化学课程的全面育人功能、整体规划化学核心素养的全面发展。然而,长期以来,国内的教学普遍是以单独的一个课时来设计,缺乏整体性、综合性和系统性等特点,因此,大单元教学应运而生。

《义务教育化学课程标准(2022 年版)》紧跟《普通高中化学课程标准(2017 年版 2020 年修订)》高中化学课程标准的步伐,更新了义务教育阶段化学课程理念和设计思路,要求充分发挥化学课程的全面教育功能、整体规划化学核心素养的全面发展、建构大概念统领的化学课程内容体系、重视核心素养导向的化学教学以及倡导发展性化学教学评价。进行核心素养导向下的初中化学大单元教学,正是符合新课程标准中义务教育阶段课程理念的要求。

通过建构大概念统领的化学课程内容体系,并采用大单元教学的方式,有助于学生更好地理解和掌握化学知识的核心概念,培养学生的综合思维能力和解决问题的能力,推动学生的核心素养全面发展。这也是新课程改革中化学教育的重要

方向。

三、现实要求：大单元教学在化学领域有待更多的实践探讨

在新课程改革的背景下，学科核心素养时代的新教师需依据课程标准从大的视角俯瞰整个学科知识体系，将整个学科知识体系划分为一个个大的单元，以提升教学设计的层次。这意味着教师不能再只关注散碎的知识点，而是要注重大单元教学设计。

如何进行大单元设计，如何将学科知识与课本内容进行整合，如何将化学与生活生产、科学发展史甚至其他学科结合起来，就需要一线教师进行更多的实践研究。目前，在化学学科领域，大单元教学的发展仍不完善，尤其是初中化学关于大单元教学的研究论文寥寥无几。事实上，化学与环境、材料、能源、信息等现代科学技术密切相关，因此迫切需要解决如何从整体的视角构建化学大单元教学的问题。

为了更好地推进化学大单元教学，我们需要积极探索教学实践，寻找适合学生学习的大单元设计方法和策略，从整体上理解和分析学科知识体系，将不同的知识点和概念有机地融合在大单元中，以及将化学知识与实际生活、科学发展史等内容相结合，提供更具实践性和探究性的学习体验。教师也需要可以通过参与教研活动、交流经验和分享教学资源等方式，促进教师对大单元教学的理解和应用。

化学领域的大单元教学仍然需要更多的实践探讨，特别是初中化学。教师在教学实践中应不断创新，积极探索适合学生学习的大单元设计和教学策略，将化学知识与现实生活和其他学科有机结合，为学生提供更具意义和深度的学习体验。通过这样的努力，教师们才可以更好地推动化学教育的发展，培养学生的综合能力和核心素养，以适应未来社会和职业的需求。

第一章
循迹溯源：义务教育化学课程标准下的教学构建

为更进一步推动课程改革取得崭新突破，新课标要求教师以大概念为导向，构建化学学科课程内容体系，切实发挥化学学科的全方位育人作用，从整体层面出发，透过化学学科核心素养培养，帮助学生获得更加全面的成长与发展。然而在传统的教学理念及方式下，教师通常针对单一课时进行微观化的具体设计，无法充分考虑单元课时之间在整体性、系统性和综合性方面的表现。在这种情况下，大单元教学理念及方式应运而生，为教师更加全面地进行课堂教学提供了崭新的思路与方向。

第一节
教学变革与课程创新的理论背景

在明确了研究的时代背景、课标要求和现实要求后，研究分别从"学科核心素养"和"大单元教学"两个维度，以国内和国外两种视角对已有研究进行综述。在国内外，当前学科核心素养培养方面的相关研究都属于热点研究内容。

一、学科核心素养研究现状

（一）学科核心素养国外研究现状

核心素养是学科核心素养的前身，国外对于核心素养的研究始于20世纪90年代，1997年12月，经济合作与发展组织（以下简称"OECD"）开始了关于"素养"的研究，这为其他国家、组织对于"核心素养"的研究提供参考。经济合作与发展组织（OECD）、欧盟（EU）、联合国教科文组织（UNESCO）三大国际组织分别构建了《成功生活和健全社会的核心素养指标框架》《终身学习核心素养：欧洲参考框架》和《全球学习领域框架》三大核心素养指标框架。

表1-1　关于核心素养内容体系的研究

国家和地区	核心素养体系的研究内容
OECD	三个方面：自主行动、互动地使用工具、在社会异质团体中互动
欧盟	八大核心素养：母语交流、外语交流、数学素养和基本的科技素养、数字化素养、学会学习、社交和公民素养、主动与创新意识、文化意识与表达
联合国教科文组织	七个维度：文字沟通、数字与数学、身体健康、文化艺术、学习方法与认知、科学与技术、社会情绪

（二）学科核心素养国内研究现状

学科核心素养的研究在中国经历了多个阶段的发展，并取得了显著的进展。最初，学科核心素养的研究主要集中在政治学科领域。2013年，罗燕芬等人在《教育导刊》上发表了一篇关于高中学生政治学科核心素养培养的文章，为学科核心素养的研究奠定了基础。这一研究探索了培养学生政治学科核心素养的途径和方法，为后续的研究提供了借鉴和启示。

2014年，教育部发布了《关于全面深化课程改革，落实立德树人根本任务的意见》提出了学生在每个学段的核心素养体系，明确学生应具备的适应终身发展和社会发展需要的必备品格和关键能力。随后，学科核心素养的研究逐渐扩展其他学科领域，尤其是化学学科。2015年，林小驹等人在《教育导刊》上发表了关于高中化学学科核心素养体系的构成和特点的论文。他们提出了一个包括化学基本知识和基本技能、化学思想、化学方法、化学精神和化学信息素养等要素的化学学科核心素养体系，旨在培养学生在化学学科领域的核心素养。这一体系为化学学科核心素养的研究和实践提供了一个框架和指导。

除了理论研究，学科核心素养的实践应用也得到了关注和推动。研究者提出了各种教学方法和策略，以促进学生的核心素养发展。胡先锦等人提出了问题链式的教学方法，通过引导学生逐步思考和解决问题，促进学科知识的建构。实验创新教学、情境教学和化学史教育等方法也被运用于学科核心素养的培养实践中。这些实践探索为学科核心素养的教学提供了具体的方法和策略，丰富了学科核心素养的培养模式。封君以苏教版必修课1专题2"氧化还原反应"教学为例，实施化学核心素养的教学实践，提出了三重表征、对立统一、模型认知、"知识为本"转向"观念建构"等落实策略。随着学科核心素养开始与学习进阶、教师的学科理解、PDOE模式、价类二维图慢慢联系起来，如郑经历以价类二维图为工具帮助学生将零散的元素化合物知识进行有序整合，以发展学生的化学学科核心素养。

与此同时，教师在学科核心素养的培养和实践中起着关键的作用。教师的学科理解和教学策略对发展学生的核心素养至关重要。在化学学科中，一些教师开始尝试将学科核心素养融入教学实践中。他们提出了德育渗透、问题解决背景构建、知识迁移和观念建构等策略，以促进学生的学科核心素养发展。这些教师的实践经验为学科核心素养的培养提供了有益的借鉴和启示。2018 年，赵扬以辽宁省大连市当年高考模拟测试题为例，探索日常命题中的化学素养考查，依据化学的学科基础和特点，创设科学探究与创新意识，选取真实情境问题解决背景，倡导科学精神与社会责任，巧设疑问，构建体现学科核心素养的题设。同年，叶红玉基于自身的教学实践，开始了化学学科核心素养视角下的德育渗透，提出了相应的策略措施。

2021 年学科核心素养在化学领域持续前进，化学学科核心素养开始与化学学科大概念、大单元教学相结合，突破教科书的传统单元，更加注重素养单元，关注学生在某一主题下各个素养的发展情况。如王媛华以"氮与社会可持续发展"为例，以"中国氮肥工业的发展"为情境线，在阐述氮肥工业"过去—现在—将来"的发展过程中，将"氮与社会可持续发展"整个专题内容有机地整合在一起，促进学生化学学科核心素养得以落实。

溯源根本，我们不难发现学科核心素养在国内的研究现状主要有：国内对于学科核心素养的研究热情高涨，发文量只增不减，呈逐年上升的趋势。从学科角度来看，学科核心素养在化学领域的研究最为充分，其次是政治、英语等学科。研究多以某一课时的教学设计进行展开，重点强调中学生需提升的学科核心素养的其中几个方面，忽视了不同素养之间的整合。

二、大单元教学研究现状

（一）大单元教学国外研究现状

20 世纪初美国教育家杜威提出了单元教学的教学模式，其基本流程为"设置问题情境、确定问题与课题、拟定解决课题的方案、执行计划、总结与评价"。在此基础上，教育家克伯屈提出了"学习大单元"的概念，开创了"设计教学法"。他主张取消固定的课程内容和教材，以学生的活动为主要依据来设定学习单元。

随着时代的发展，大单元教学在国外的研究中得到了不断发展和完善。它强调整体性和学生参与,通过设定单元主题和组织相关的学习活动,促进学生的主动学习和综合能力的发展。这种教学方法在教育实践中得到了广泛应用,为教师和学生提供了一种有益的教学模式。

（二）大单元教学国内研究现状

大单元教学在国内的研究可以追溯到 20 世纪 80 年代末至 90 年代初。最早出现的是以语文学科为主的大单元教学实践。《新学制课程标准纲要》的颁布和《国文百八课》等教材的推出和标志着单元授课方式初见雏形。

然而,直到近年来,大单元教学才开始得到全面的解读和研究。1987 年,张国生的《"大语文教育"的实验简述》一文中,虽然尚未使用"大单元教学"这一术语,但他强调了教学的总领性和大的教学观念,通过一体两翼的教学结构、两条腿走路的教学模式以及三步骤的课堂教学方式,将语文学习置于一个广阔的天地中。1993 年,邓禹南和肖红耘在《中学语文》期刊上发表的《试论"大单元教学观"——兼谈义务教材单元构建的创新》一文中,首次提出了"大单元教学观"的概念,并探讨了大单元教学观在义务教育语文教材中的应用和对单元教学的指导意义。

近年来,越来越多的教研工作者开始关注大单元教学,并与深度教学、项目式教学一起出现在人们的视野。曹志钢、李莉等认为在设计大单元教学时提出我们应该找到一个合适的切入点以实现从初中到高中的跨越。朱如琴、王峰指出核心素养教育时代的教师须从高处俯瞰学科知识体系,提升教学设计的站位,变关注"零碎知识点"为关注"大单元设计"。马东、韩书影等认为核心素养是大单元教学的"灵魂"以及主题进阶是主题单元教学的"关键"。王云生认为大单元教学应体现深度教学的理念,深度教学是实现深度学习的基础。吴庆生进一步提出大概念教学有助于构建新知识和知识结构,有助于知识的连贯和转移能力的发展,有助于发展认知能力和应用迁移能力。

教育工作者的不断尝试让大单元教学从理论走向实践。施凤鹤以大概念为切入点,在大概念的指导下开展单元整体教学并以氧化还原反应为例,深入研究所适用的教学策略,提出符合单元整体教学要求的策略。为进一步落实大单元教育,王明霞指出，大概念教学在注重整体性的同时不能忽视具体内容的处理，尤其是学生个性化学习需求的处理。李飞虎则认为需要借助活动的力量，设计多样化的活动，促进学生的认知发展和经验向知识的转化。

对此，崔允漷教授在华东师范大学对大单元教学进行了系统的研究，提出了确定大单元的三个步骤：首先，研读本学期教材的内容逻辑结构，分析学生的认知水平，并利用可得到的课程资源确定本学期的单元数等；其次，根据学科核心素养和教学内容设计大单元的内容和名称；最后，将学科核心素养与大单元进行关联，按照不同任务的逻辑，将知识内容进行结构化。大单元教学的教学设计应包含明确的单元名称与课时、明确的单元目标、确定的评价任务、设计合理的学习过程、明确的教学评价以及全面的学后反思。

众多学者认识到大单元教学的重要性，尽管存在细微差别，但大单元教学与深度教学紧密相关，其终极目的是提升学生的核心素养。在新时代下，教师应以培养学生核心素养为己任，抓住核心素养培养的时机，实施大单元教学。

第二节
教学变革与课程创新的价值意义

2014年，国务院下发了《关于深化考试招生制度改革的实践意见》，标志着新一轮高考改革正式拉开帷幕。2021年，安徽省作为第四批高考综合改革的实践点，"3+1+2"选科模式正式实行。新一轮的课程改革对学生的综合素质提出了更高的要求，具体到各个学科上，对应的就是每门学科的学科核心素养。

在当前的化学学科教育领域，基于化学学科核心素养进行大单元教学已经引起了众多教师的关注与重视。这种教学方法不仅具备创新性、全面性和丰富性，还有利于推动新型化学学科课程内容体系的实际构建。

一、进一步落实新课程标准要求

义务教育阶段是学生学习的关键时期，基础教育的课程也承载着党的教育方针和教育思想，规定了教育目标和教育内容。义务教育化学课程是引导学生从化学视角认识物质世界的一门基础自然科学课程，具有启蒙性、实践性和发展性的特点，有利于学生的全面发展。

化学学科核心素养是学生在学习化学的过程中，逐步形成的适应个人终身发展和社会发展所需要的正确价值观、必备品格和关键能力。而大单元教学是一个有着大概念统领性的课程内容体系，教师如何精心设计，整合知识，将更有助于学生综合素养的发展以及进一步落实新课程标准的要求。

二、提升教师大单元教学整合能力

教学变革和课程创新旨在适应现代社会和学生发展需求的变化。在这个时代，学生需要培养的不仅是知识和技能，更重要的是核心素养。大单元教学作为一种创新教学方式，能够促进学生综合能力的发展，培养他们的学科素养和跨学科思维。在实施大单元教学时，教师要研读教材，把握知识联系，由此整合教学内容，生成大单元内容，夯实大单元教学基础。因此，提升教师的大单元教学整合能力具有重要的价值意义。

首先，教学变革和课程创新通过大单元教学的实施，可以打破传统学科边界，促进跨学科融合。在大单元教学中，教师需要整合不同领域的知识，将各个学科的内容有机地结合起来，使学生能够在综合性的学习环境中进行跨学科的思考和学习。这有助于培养学生的综合素养和跨学科思维能力，提高他们解决复杂问题的能力。

其次，大单元教学要求教师将教学内容进行整合，使之成为一个有机的知识体系。教师需要深入研读教材，把握知识之间的内在联系，将碎片化的知识整合为一个有机的大单元，使学生能够更好地理解和应用所学知识。通过整合教学内容，教师能够提高教学的连贯性和深度，增强学生对知识的理解和掌握。

最后，大单元教学还可以促进学生的主动学习和合作学习。在大单元教学中，学生需要主动积极地参与学习过程，通过探究和合作解决问题。教师作为引导者和设计者，需要创设情境和任务，激发学生的学习兴趣，培养他们的自主学习能力和团队协作能力。因此，进行素养导向下的初中化学大单元教学研究不仅能帮助提升教师对大单元的整合能力，还有助于发展学生的核心素养，加快落实立德树人这一根本任务。

教学变革和课程创新对提升教师的大单元教学整合能力具有重要的价值意义。在核心素养培养背景下，教师要高度重视大单元教学，结合大单元教学的特点，整合教学内容，提取大概念，设定教学目标，设计教学活动，提升化学教学效果，为学生的全面发展和素养培养作出积极贡献。

三、引导学生的学习由能力到素养

传统的教材单元在一定程度上分割了知识，使学生学习的知识内容体系碎片化,并且有的知识内容不符合学生认知发展特点。

所谓的"大单元教学",是指以有联系的教学内容为基础,以大概念为核心,以大项目、大任务或大问题的形式进行的完整的教学活动。大单元教学不但可以推动课堂转型,还可以助力学生发展核心素养。

大单元多层级教学站在了更高的角度,把整个初三化学学段作为整体进行设计和有效迁移,根据课程标准的一级和二级主题,分层级重构符合学生认知水平的教学认知体系,使教学的内容紧凑,无重复。教学设计将教师和学生视为学习的进步者和共同建构者,从零散的知识走向相互关联,从而使学生理解化学各部分内容之间的内在逻辑关系,使学生具有可持续发展的学习能力。本研究在一定程度上解决了初中化学在教与学方面的能力培养和素养培养的缺失,引导学生的学习由能力到思维再到素养进行转变。

这种基于大单元教学的教学变革和课程创新,能够有效解决传统教材单元的问题,提升学生的学习效果和教师的教学质量,促进学生的能力发展,激发他们的思维能力,并引导他们培养终身学习和批判性思维的素养。通过大单元教学,学生能够更好地理解和应用所学知识,培养跨学科思维和综合能力,为其未来的学习和社会参与奠定坚实基础,同时促进了教育的发展,培养出适应未来挑战的综合素养人才。

第三节
教学变革与课程创新的教学思路

教师需要对核心素养导向下的化学学科大单元教学保持高度的关注与重视，并在实际的课堂教学实践中予以尝试和践行。教学变革与课程创新的思路框架、教学研究过程、教学研究方法和最后想要达成的预期成果如下文所述。

一、教学变革与课程创新的思路框架

（一）梳理初中化学的核心概念与大概念

课题组教师根据查阅文献、同行评议以及课题组专家指导，梳理出典型的需要重点研究的初中化学大概念。

1. 物质的性质与应用

通过整合人教版教材，认识物质的多样性。整合空气、水、溶液、碳单质、二氧化碳、金属、酸碱盐知识内容，设计了"生活中的化学"系列课程。进行课例研究，研磨出示范课"溶液的形成"，并在第十届双优课评选中获得区级一等奖，报送市级参评市级一二等奖的角逐。

2. 物质的组成与结构

依托人教版教材，认识物质的组成。整合分子、原子、离子、元素核心概念形成单元主题"微观世界探秘"。在单元学习主题中形成了"探秘分子与原子""探秘离子""探秘水的组成""探秘金刚石、石墨和 C_{60}"系列课时。

3. 化学与社会跨学科实践

借助天津市基础教育资源公共服务平台，构建网络课程，改变教学方式。使学生认识化学在材料科学、能源、健康、农业的上的重要作用，及化学的可持续发

展,建构网络课程"生活中的化学"。课程包括了"化学与抗疫""化学与农业发展""化学与身体健康"三个模块。构建了材料、化肥、化学元素与人体健康、酸碱盐的性质大单元内容。

（二）调查初中生学习化学概念的现状

课题组调查学生概念的学习方式,是否存在机械记忆、题海战术、死记例题等问题。组织问卷调查和访谈,调查学生对核心概念的掌握情况,学习核心概念时遇到哪些问题,判断学生所达到的学习程度。

课题组共下发了400份试卷,收回390份试卷。试卷内容涉及你认为化学有趣吗、哪节课让你学起来觉得枯燥无味、每节课内容你能掌握多少等问题。学生普遍认为物质的结构比较抽象难懂、化学变化内容太多、没有抓住重点等。针对这些问题,我们在研究过程中进行了单元主题建构,形成大单元教学和大概念。

（三）总结单元主题学习对初中生大概念进行深度学习的影响

课题组教师通过专家指导和自身经验,总结出影响学生核心概念深度学习的单元主题学习的教学策略。

1. 进行项目式教学

根据物质的结构决定性质这一大概念,结合有机合成材料、酸碱盐、物质结构、物质用途、材料的价格,这一知识内容形成"我为医用防护服做代言"系列课时。内容涉及有机合成材料、材料的结构、材料耐酸碱性试验、材料的市场调研、材料的受用目标人群等,把材料的简单制备、用途与性质、社会应用价值、价格与材料的关系这些系列内容进行初步研究,提高了学生学习的有效性并培养了学生的学科核心素养。

2. 问题探究式课堂深度学习的探索

以创设真实的教学情境和问题链为特点,设计关键性问题。"金刚石、石墨和C_{60}"这节课中共设计了三个关键性问题:同种元素组成的单质为什么物理性质差别这么大、物质的结构与性质之间的关系是什么、物质的性质和用途之间的关系是什么,一步一步引导学生发现问题、思考问题、解决问题。学生自主进行课堂学习,归纳总结,形成深度学习。

（四）初中化学大概念学习的课例研究

针对典型的大概念，课题组准备一个核心概念进行一组课例研究的方式，验证通过单元主题学习，用不同方式和方法对学生学习某一概念的影响，及学生学习概念在提升能力水平与核心素养方面所达到的程度。

课题组课例研讨的多节课，其中"溶液的形成""金属""金刚石、石墨和C_{60}""金属的性质"分别获得双优课、教学论坛等奖励。学生在调研中反馈通过设计单元主题教学，学生在学习过程中思考问题主动，能够形成深度学习。

（五）通过课例研究获得成果和结论

通过课例研究，课题组得出针对大概念，课例研究中所运用的单元主题教学里的教学策略和方法符合学生进行深度学习这一结论，并初步得出促进学生大概念深度学习的单元主题教学的教学策略和方法；初步得出促进学生学习的大概念理解的单元主题教学模式，即针对大概念的单元主题学习—问题研讨—获得结论—进行反思，循环进行的课堂教学模式。

二、教学变革与课程创新的教学研究

（一）研究过程

课题组每周进行读书沙龙活动。主要有大概念和单元主题学习的理论培训，学习相关的文献和理论知识，如后现代主义哲学理论、建构主义理论、人本主义学习理论、课程标准。通过学习，使教师初步认识大概念，了解单元主题学习。

根据实践经验和专家讨论确定了初三化学的多组大概念。如物质的结构决定性质、性质决定用途；化学与社会的跨学科实践；物质的化学变化等大概念。

课题组针对教师对大概念进行单元主题教学，学生的"学"和教师的"教"进行现状调查。调查显示，学生对化学知识的学习缺乏兴趣，尤其对概念的理解不够深入，灵活运用能力较差。教师对大概念不太了解，课堂教学方式单一，大多采取讲授式，一言堂的情况严重，很少发起小组讨论，较少创设问题情景，基本没有进行跨学科教学，使学生不能对围绕大概念的知识内容有深入理解。

设计多种教学方式，运用课例研究法进行验证，获得了大概念教学的情景式、项目式、跨学科整合等,促进学生单元主题教学方式。

通过对典型案例的反思,初步得到促进学生学习的大概念理解的单元主题教学模式,即针对大概念的单元主题学习—问题研讨—获得结论—进行反思,循环进行的课堂教学模式。

（二）研究方法

以教学常态中的问题和困惑为教学课题,在教材分析的基础上选择某节课作为具体的课例研究载体,集中教研组群体的力量、集体的智慧,采取科学的方法和手段进行不断的实践研究。研究的操作顺序为:确立教学课题—选定课例—授课教师独立备课—教师试教—课堂观摩—聚焦研讨—修正教案—二次试教—同行议课—再次修改—再次聚焦研讨—形成成果。课例研究法使教师能直接从研讨课例中受益,教师从课堂教学的改进过程反思到一堂课的改进过程。研究过程强调教师团队的合作与交流,能整体提高教师的专业化水平。

2. 调查法

主要运用测验、问卷、观察、访谈等方法对不同发展水平的学校进行核心概念教学现状的调查,并发现问题。对调查结果进行归纳。

3. 案例研究法

运用这一研究方法,旨在对典型个案追踪与分析,了解其发展的特点与规律,为丰富和完善课题研究提供帮助。

4. 文献法

通过文献研究,把握国内外区域核心概念教学及深度学习在教与学中的现状和主要表现形式。

三、教学变革与课程创新的预期成果

大单元多层级教学设计符合学生学习化学的认知发展规律,能促进学生的能力和素养的提高。除此之外,还可以达成其他成果。

在实践探索的基础上,体现新时代特征和适合教学现状的初中化学大单元教学多层级的框架体系和教学设计。

通过课例研究，验证课例中教师所运用的教学方式、方法能够符合大单元多层级教学的要求，并初步得到大单元多层级教学的教学设计方案。形成初中化学大单元多层级教学的方法策略和教学模式。

规范教师的教学过程，内化教学改革为自身教学行为，提高教师专业化素养。

如何更加深入、清晰地把握化学学科的核心素养以及大单元教学理念及方式的具体内涵，如何更加科学、合理地基于核心素养导向在初中化学学科中实现大单元教学，逐渐成为教师进一步提高初中化学学科教学效率及改善教学效果过程中必须予以解决的重点问题。

第二章

培根铸魂：培养以素养为本的学生

当学生建构个人意义和理解的时候，学生会在脑海中将事实性知识和技能与已有的相关概念进行交互处理，这种协同思考过程能够开发学生的智力并激发学生进行深入学习。此过程可以促进学生积极参与学习，让学生在智力和感情上都积极参与学习中，激发学生的自我系统、设计学习全过程的核心任务、设计能支撑学生学习的资源，为学生的终身学习提供支持，培养素养为本的学生。

第一节
探究自我：引导学生激发自我系统

教师经常有这样的感觉，有的学生的脑子聪明但是学不明白，有的学生反应慢，有的学生讲了很多遍仍然记不住。这是由于当教师提出新的学习任务之后，学生没有参与新的学习任务中，没有开启自我认知系统。为了鼓励学生激发自我系统，教师要创建好的学习环境，鼓励学生主动思考和提问，培养他们的自主学习的能力、动力。通过提供具有挑战性和启发性的学习任务，教师可以使学生从被动接受者转变为主动参与者，让他们在学习中发挥主导作用。

一、自我系统的开启

自我系统，是指把自我视为一个多维度、多层次的心理系统。义同自我、自我意识、自我概念。即人格中一种具有防御功能的自我觉知系统或一套衡量自己行为的标准。包括"好我"和"坏我"的心理组织。面对新任务，学生首先要进行自我系统的判断，如下图所示：

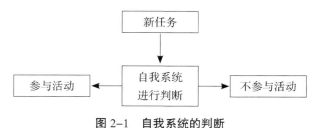

图 2-1　自我系统的判断

学生对新任务进行自我认知系统的判断，"这个任务有意思吗？""我能完成吗？""需要什么样的准备？"……当新任务激发学生的兴趣，学生才会决定参与到任务中来,学习过程才能发生。

二、开启自我系统的方法

激发自我系统是学习的开始,学生应该感觉到新的学习任务有学习的必要,有兴趣学,学起来容易上手,可能会得到同伴的肯定,能提高自己的认识,实现自己设定的目标等。当学生拥有这些情感和态度时,学生的自我系统就会开启。

(一)设置真实情境开启学生自我系统

设置贯穿学习单元的问题情境开启学生自我系统。"导入环节"的问题情境重在激趣、激疑,常常是为了引起学生的兴趣与关注。"贯穿整个学习单元"的问题情境常常是真实的现实问题,解决这个问题就是本单元的学习任务。教师将问题情境变为解决实际问题,形成比较综合的学习任务。将"是什么""为什么"的问题,更多地转变为"如何解决""怎样做"的问题,这样能持续激发学生学习的愿望,开启学生的自我系统。

(二)跨学科学习开启学生自我系统

随着社会发展对全能型人才的需要和新课程改革的深入,对学生的跨学科学习能力也提出了更高的要求。《义务教育化学课程标准(2022年版)》中明确提出要开展跨学科实践活动,将学生已有生活经验及其他学科知识等渗透化学课堂。跨学科教学已经成为目前研究的热点问题。跨学科教育指以一个学科为中心,在这个学科中选择一个中心题目,围绕这个中心题目,运用不同学科的知识,展开对所有指向的共同题目进行加工和设计教学。跨学科学习基于跨学科意识,运用两种或两种以上的学科观念以及跨学科观念,解决真实问题。然而,学科教学工作常常存在学科之间的壁垒。日常教学中并没有太多教师会有意识地思考在学科之间如何进行有意义的整合。大多数教师都专注在自己学科的教学而无暇顾及其他学科。随着跨学科研究在科学界的兴起,其研究成果的不断出现,人们愈发认可跨学科研究在教育中的价值,越来越多的学者开展跨学科教学的研究,因此课程综合化成为基础教育改革的一种趋势。

化学与其他学科和社会生产生活密切相关,具有较大的跨学科开发价值。对于教师而言，依托于跨学科理念，在教学过程中，积极发掘跨学科融合在教学上的作用，为教学设计开创新的方向和思路，为教学和评价提供依据，促进了教学方式改变的同时进一步提高教学水平。在中国基础教育阶段，已有多学科融合的课程实践：以浙江、上海为代表的初中科学课是一门综合课程，其中包含化学学科内容，重新构建了以化学、物理、生物三门自然科学为核心的多学科融合的知识体系。新一轮义务阶段课程改革也非常重视跨学科教育，《义务教育化学课程标准（2022 年版）》中课程内容新增"化学与社会·跨学科实践"这一主题，并设计了 10个跨学科实践活动案例。

对于学生而言，通过跨学科实践活动和理论课堂的学习，提高课堂学习效率，在深入掌握化学学科知识的同时深刻认识到化学与其他学科之间的联系，促进学习和认识的发展，促进化学学科核心素养的落实，提高综合运用知识分析并解决实际问题的能力，使自我系统得以开启。

第二节
创造潜能：中学化学新课标教学中学生自主性学习的培养

　　新课程强调教学过程是师生交往、共同发展的互动过程。《义务教育化学课程标准（2022年版）》（以下简称《课程标准》）在实施建议中提出自主性学习是科学探究的重要特征，教师应帮助学生尽快步入自主性学习的轨道。新课标倡导的自主性学习，就是要让学生真正成为学习的主人，变"要我学"为"我要学"，让学习成为学生一种内在的需要和渴望，让学生从小养成自主性体验、自主性探究和自主性实践的良好品质。中学教育是整个教育序列中最关键的环节，化学教学在中学阶段培养学生的自主性学习有着重要的意义。在化学教学过程中，通过激发学生自主学习的兴趣，促进自主性学习的内在动力；引导学生做好探究实验，激发学生自主实验的欲望；以家庭实验和社会实践为载体，增强学生树立自主性学习的意识；依托练习题，提高学生自主性学习的能力，培养学生的自主性学习能力，为终身学习打下良好基础。

　　教材中的知识为前人所留，但对学生来说，仍是新知识。教师应该引导学生经历科学的初步探究过程，自主去发现、去实践、去总结，自主构建自己的知识体系。当前，随着报纸、杂志、网络、电视等媒体的迅猛发展，学生获取信息、处理信息的途径已不仅局限于课堂教学。因此，化学教师应充分利用这些教学资源，加强指导，让学生的学习积极性、自主性、创造性更充分地释放出来。

　　中学教育是整个教育序列中最关键的一环，它在终身教育中具有承上启下的作用，在整个社会呼唤具有创新意识、终身学习能力和个性化的今天，把目光聚焦在中学阶段学生自主性学习的养成上尤为重要。每个学生都有无限的潜能，在教学中培养学生自主性的学习能力，使学生的创新精神与实践能力得到培养，学习方法得到优化。在新课标指导下，培养学生的自主性学习不但可以激发学生的创造潜能，更为他们以后的终身学习打下良好基础。培养学生学习自主性在教学中可以注重以下环节：

一、激发学生自主学习的兴趣，促进自主性学习的内在动力

兴趣是最好的老师。当学生在学习上产生强烈兴趣时，就会自觉、主动地学习、探索，学习效率就大大地提高。努力激发培养学生学习兴趣，使学生享受学习的乐趣，是初中化学教学的任务之一，也是减轻学生课业负担、提高课堂教学质量的有效途径。教师如果从化学课的起始年级就注意激发和培养学生对化学学习的兴趣，并因势利导，使学生把兴趣转化成乐趣，进而转化成志趣。那么，就能保持学生对化学学习经久不衰的求知欲。

例如，在讲授氢气性质时，用干燥氢气吹肥皂泡的实验。肥皂泡在空气中迅速上升，学生已表现出很感兴趣，笔者再将上升的肥皂泡点燃，学生更加兴趣盎然。再如，做氢气和空气的混合气点燃发生爆炸的实验时，选用金属易拉罐，将上盖去掉，下底用针扎个小孔。实验时让无盖一端平稳放在实验台上，用一纸捻堵住小孔。收集混合气后，取出纸捻，用火柴点燃。从小孔逸出的混合气，立刻发生爆炸声，气流使易拉罐冲起很高。该实验让学生感到惊心动魄，久久不能忘怀。通过这些实验和改进，增强了实验的趣味性，激发他们去主动思考和钻研。

二、引导学生做好探究实验，激发学生自主实验的欲望

化学是一门以实验为基础的自然科学。实验在化学教学的过程中起着不可替代的作用，也是化学理论在实践中体现的载体。新的《课程标准》提倡学生要独立进行或合作开展化学实验研究，通过教师引导的实验应探究激发学生自主实验的欲望，从而培养学生的学习自主性。

例如，在讲溶液的 pH 值时，笔者提醒和启发学生使用 pH 试纸测定唾液、食醋、果汁、肥皂水、雨水和土壤等酸碱性。这样的要求使学生感受到学习化学的快

乐,激发他们自主实验的欲望。再如,在讲授金属的化学性质时,探究 Zn、Fe、Cu 的金属活动性顺序,设计一个方案比较 Zn、Fe、Cu 的金属活动性强弱。在教学中,笔者提供给学生可以选择的试剂:锌片、铁钉与铜片三种金属,硫酸亚铁溶液、硫酸铜溶液、硫酸锌溶液三种溶液。

学生根据所给试剂进行实验设计并选择试剂,这实际上是给学生提供了一个充分"提出假设"的机会。学生根据提供的试剂,纷纷设计实验,实验过程不尽相同,而且学生在课堂上能够积极发表自己的见解。对学生的实验设计笔者没有肯定,也没有直接否定,只是让学生通过后面的实验进行证明。学生通过自己设计的不同方案进行实验,得出了结论。再由学生进行综合评价,也有学生把多种实验方案进行比较,得出了自己认为可以最快辨别出金属活动性顺序的方法。对于这一做法,笔者都及时在课堂上给予了肯定,并请学生记录下自己实验的感受。这个过程,给学生自主性学习提供了一个广阔的天地。学生的思维积极活跃,充分体现了他们学习的自主发展意识得到了进一步的提高,激发了学生自主实验探究的欲望。

三、以家庭实验和社会实践为载体,增强学生树立自主性学习的意识

积极开展化学实践活动,能够拓宽学生的学习空间,潜移默化地影响学生,使学生时时刻刻关注生活,联系实际,让学生掌握研究问题的方法,增强学生独立自主发展的意识,使他们终身受益。

例如,用鸡蛋壳和白醋反应检验鸡蛋壳的主要成分是碳酸钙、家庭自制净水器、自制炭黑等都让学生深刻体会到化学的魅力,感到身边处处有化学。在讲授水的净化和水资源保护时,教师要充分发挥学生的学习自主性。如教师可以带领学生做社会调查,调查海河水水质,并取水样到实验室模拟自来水厂进行水质净化,看到经过反复处理而得到的一管清净透亮的净水,学生感叹水龙头轻易一拧就喷出的自来水是如此来之不易,一定要节约用水。教师让学生自己利用网络、媒体查阅相关信息,让学生真切感受节约水资源、爱护水资源势在必行。这样做有利于将学生的学习由被动变为主动。在讲授燃料与能源的内容时,教师结合低碳生活让学生搜集燃料、新型能源、节能环保等,课上让学生自己介绍能源的现状和未来发

展趋势，让节约能源、注重环保的理念在学生的心中扎下根。学生的感受更加深刻，在学习过程中发挥了学生的潜能，体现了学生在教学中的主体地位。

四、依托练习题，提高学生自主性学习的能力

在酸碱盐的复习课上，笔者利用中考中粗盐的提纯这一考核内容，请学生设计实验方案：除去氯化钠中的杂质氯化镁、氯化钙、硫酸钠及泥沙。经过大家激烈的争论，学生又设计了反应流程。一是先加过量的氯化钡除去硫酸钠，再加过量的碳酸钠除去过量的氯化钡和杂质氯化钙，后加过量的氢氧化钠除去氯化镁，过滤后加稀盐酸除去氢氧化钠和碳酸钠。二是先加过量的氢氧化钠除去氯化镁，再加过量的氯化钡除去硫酸钠，后加过量的碳酸钠除去过量的氯化钡和杂质氯化钙，过滤后加稀盐酸除去氢氧化钠和碳酸钠。三是先加过量的氢氧化钡除去氯化镁和硫酸钠，再加过量的碳酸钠除去过量的氢氧化钡和杂质氯化钙，过滤后加稀盐酸除去氢氧化钠和碳酸钠。根据学生自己的设计来进行实验，有些学生的实验成功了，有些学生的实验失败了。继而笔者引导学生再来讨论实验失败的原因，让学生思考为什么碳酸钠要加在氯化钡的后面，否则将导致实验失败。通过这样的课堂实验与实践，既达到了复习酸、碱、盐的作用，又提高了学生自主发展的能力，使学生感受科学的严谨性，对化学学习也保持了经久不衰的热情。

现代学习方式的转变，突出的表现在培养学生的自主性学习上。教师要使学生积极主动地思考、尝试，使其自身创造潜能得以充分发挥。培养学生良好的个性心理品质，使学习成为学生的一种内在需要，增强学生自我发展的动力。教师还要积极创设各种问题情境，提供丰富的思考和解决问题的素材，引导学生善于质疑、富于想象、唤醒学生成长的内在动机，从而激发学生的自主性学习，形成良好的学习习惯和学习方式使学生受益终身。

第三节
创新精神：新课程标准下中学化学教学中的探究
性学习

　　基于《课程标准》大力倡导探究性学习,笔者结合自身实践拟就初中化学教学中开展探究性学习提出自己的思考。首先,构建符合学生认知过程的探究模式,培养学生的探究能力。在教学中,应根据学生的认知过程构建适合他们的探究模式,激发学生的主动性和参与性。通过引导学生自主提出问题、设计实验、收集数据和分析结果,培养他们的探究能力,并促进他们对化学知识的深入理解。其次,对教材中的实验进行重新设计和改进。教材中的实验是培养学生实践能力和创新思维的重要途径。

　　因此,教师可以有针对性地重新设计和改进实验,使其更贴近学生的生活和实际应用,提高学生的学习兴趣和动手能力。同时,通过引导学生观察、思考和探究实验现象,培养他们的科学思维和实验技能。最后,开展形式多样的化学课外活动。除了课堂教学,还可以组织各种形式多样的化学课外活动,如参观实验室、科学展览、科技创新比赛等。通过这些活动,学生能够亲身体验和参与化学实践中,培养他们的科学精神、团队合作能力和创新意识。通过探究性学习,发展学生的创新思维,培养创新意识,让学生成为未来具有开拓创新精神的建设人才。

　　新课程突出强调创新精神和实践能力的培养,而学生创新精神和实践能力的培养需要通过具体的探究活动来实现。因此,探究性学习成为新课程改革所倡导的重要理念。它不仅是一种重要的学习方式,也是学科课程的重要内容。笔者结合自身的实践,对中学化学教学中开展探究性学习做出一些思考:

一、构建符合学生认知过程的探究模式,培养学生的探究能力

探究性教学是培养学生创新意识和实践能力的一种教学模式。学生在教师的引导下,通过教师在教学过程中创设问题情境,以问题的提出和问题的解决,激发学生的求知欲,引导学生主动学习。化学是一门以实验为基础的自然科学,化学科学的形成和发展都离不开实验。学生通过实验,可以探究未识的世界,帮助学生形成化学概念,理解和巩固化学知识,掌握实验技能,激发学生学习化学的兴趣,拓宽自己的知识面,培养学生观察现象、分析问题、解决问题的能力,学会科学研究的方法。科学的本质特征是科学探究,而化学实验更以其生动的魅力和丰富的内涵在培养学生创新精神方面发挥其独特的功能和作用。

探究性教学的程序可分为五个阶段:提出问题—提出假设—实验验证—归纳总结—知识拓展。这五个阶段环环相扣,层层深入,步步推进,其特点是:问题是方向,实验为基础,探究是核心,分析是能力,归纳是方法,反馈是目的。以教材"燃烧的条件"为例,在教学中可以按以下步骤进行:

（一）提出问题

燃烧是日常生活中最为常见的一种现象。那么应具备哪些条件才能燃烧呢?

（二）提出假设

由于学生对燃烧这一现象非常熟悉,联系到学生的实际情况,纷纷猜想问题的答案,主要有以下几种:猜想一,要有可以燃烧的物质（可燃物）;猜想二,要有氧气;猜想三,要达到一定的温度。在学生提出各种猜想的问题后,教师再引导学生在猜想的基础上进行如下合理的假设。假设一:三个条件只需满足其一就能燃烧;假设二:三个条件要同时满足才能燃烧;假设三:满足三个条件中的其中两个就能燃烧。

（三）设计实验,进行实验探究

学生制订详细的探究计划,就上述的猜想与假设设计实验方案,教师在实验中给予一定的指导。实验一:在 500 ml 的烧杯中注入 400 ml 热水,放入一小块白磷,在烧杯上盖一薄铜片,铜片上一端放一小堆干燥的红磷,另一端放一小块已用滤纸

吸干表面水分的白磷,观察现象。现象:薄铜片上的白磷燃烧,而薄铜片上的红磷与热水中的白磷没有燃烧。实验二:用导管对准上述热水中的白磷,通入少量的氧气,观察现象。现象:热水中的白磷燃烧起来。

（四）归纳总结

学生从实验中得到的事实可以证明,燃烧的条件:氧气（或空气）、温度要达到可燃物的着火点、可燃物。这三个条件应同时满足,缺一不可。

（五）知识拓展

五氧化二磷,有毒,是一种污染物,为了避免对环境的污染,可以引导学生探究如何对实验装置进行改进。学生经过实验设计,进行了改进。

在教学中进行探究性学习,使学生由被动学习变为探究性主动求知,这是学习过程的一种质的突破与飞跃。探究性学习给予学生主动探究、自主学习的空间,为学生提供了动手动脑的机会,促使学生产生质疑、提出问题、探索求解的创造性学习动机,并将化学学科的各部分知识、技能、技巧相互渗透、融会贯通。

二、对教材中的实验进行重新设计和改进

教材中的某些验证性实验,可转化为运用探究性实验来进行教学,将实验设计为探究性实验,突出实验的创造性,发挥探究性实验教学在培养学生的科学态度、科学方法等方面的作用,激发学生的好奇心和求知欲,促使学生主动探究解决问题的正确途径,让学生成为新知识的探究者和发现者。教师首先要对实验进行精心筛选,选择有代表性的符合学生实际水平的问题来进行探究。要求学生先设计出解决问题的方案,然后经过师生共同分析讨论、修改后实施,必要时由部分学生协作完成。这类探究性实验是对学生所学化学知识和化学实验操作技能的一次检验。

例如,在探究二氧化碳的性质实验时,笔者带领学生进行实验探究,结合物理知识中的大气压强设计了实验改进,使实验现象既明显又有趣味性。实验一:二氧化碳通入滴有石蕊试液的水中,改进为倒立在水槽中的试管;实验二:二氧化碳通入澄清石灰水中;实验三:二氧化碳通入氢氧化钠溶液中。

通过上述实验,学生不仅学会了二氧化碳的化学性质,同时增强了学习兴趣,

使学生在学习中清楚自己的不足，从而产生求解的要求和积极的学习动机。在实验过程中，教师要随时抓住这种时机，把学生对实验的兴趣、求知欲引导到持续的主动学习的轨道上去。

三、开展形式多样的化学课外活动

生活中很多实验可以就地取材，很有趣味性，是一条理想的探究性学习途径。在讲"碳和碳的化合物"时，可让学生用 2B 铅笔芯、干电池、小灯泡等做石墨导电性的实验；木炭吸附红墨水中色素的实验；用点燃的蜡烛和瓷碟子制炭黑，以及用鸡蛋壳、白醋和石灰水验证鸡蛋壳中含有碳酸钙的实验。

在"讲铁生锈条件"时，由于铁生锈的时间较长，所以必须在讲课前的 10 天前按右图装置做好，放置于教室（或是实验室）也可让学生回家自己做，用玻璃杯代替试管，让学生每天观察铁生锈的情况，并做好记录，努力让学生积极参与到实验中体会探究的过程。

在讲解"爱护水资源"之前，笔者让学生利用周末时间调查周边水资源污染的情况，学生到月牙河、海河实地考察并用安全的方法采集到水样。在对水样的性状和气味充分记录后，学生把带回的水样模仿自来水厂的净化过程进行净化。他们深刻体会到了洁净水源的来之不易。当讲解爱护水资源时，学生有切身的感受使课本内容不再空洞，自然引发学生去思考——我们怎样合理利用水资源？怎样解决当前出现的水资源问题？从而达到本课教学的三维目标。

在教学中，教师要尽量发挥实验的探究性，使学生体验到实验的趣味；让学生理解科学探究的方法和过程，丰富学生探究活动的亲身经历，提高学生的科学素养。在进行探究性学习时也可以根据实验中出现的意外情况进行分析，使探究更具创新性。例如，课外活动小组在一次探究实验中，将一种金属（Mg）投入盛有沸水的烧杯中，发现金属与水反应并有气体生成。根据上述实验现象引发学生探究下列问题：根据所学知识推测该气体可能是什么气体，并简述推测理由；对你所推测的气体，试着设计实验进行检验（写出简要的实验步骤、现象、结论）。

通过对这类实验的探究，提高了学生的知识应用水平，同时也让学生知道化学与我们的生活实际及工农业生产有着密切的关系,化学就在我们的身边,研究化学并不神秘。化学教师应顺应时代的发展,积极探索新的化学教学方向,多挖掘探究性实验内容。教师还应深刻领会新课标精神,挖掘实验教学的内涵,将实验知识、实验方法与实验操作有机地统一起来。

中学化学进行探究性学习既符合化学学科特点,又符合学生的认知规律。积极正确地进行科学探究,既有利于教师搞好化学教学,又有助于学生学好化学,也能有效地调动学生学习化学的积极性,培养学生分析问题和解决问题的能力。提高学生独立实验的操作能力和创新思维能力,提高学生的素质,培养未来的创新型人才。

第三章

启智增慧：从知识为本到以素养为本

新课程标准强调学科核心素养的养成，旨在培养学生全面发展的能力，使其具备适应社会需求的素质和能力。《义务教育化学课程标准（2022年版）》要求学科核心素养的养成不能仅依靠某个知识点或技能点，而是学生通过长期的学习形成的良好品格、能力与价值观。因此，化学教学应该超越传统的知识灌输，注重学生的思维能力培养和价值观的塑造。初中化学教师在开展教学活动的过程中要依据新课程标准，时刻关注培养学生的化学学科素养，了解培养学生化学学科素养的基本目标和方法，将其融入日常的教学活动。通过采用符合学生特点和学科要求的教学方法和策略，引导学生全面发展，培养他们的思维能力、实践能力和价值观，使其成为具备开拓创新精神和社会责任感的未来建设者。

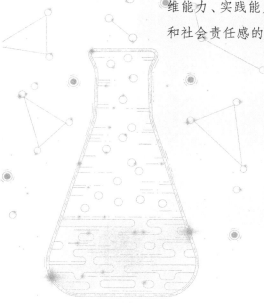

第一节
指向素养的大单元教学课程特点

2016 年，教育部正式发布了《中国学生发展核心素养》，指出"学生发展核心素养"是指学生应具备的、能够适应终身发展和社会发展的必备品格和关键能力。核心素养当之无愧成为基础教育的总目标、总方向，落实核心素养成为推进教育改革的重要内容，而充分把握各个学科的核心素养是实现核心素养的手段和途径，是落实和推进课程改革的必然要求，但这需要一个漫长的探索过程。

长期以来，学生的学习往往以单纯的知识获取或技能的反复训练为主，缺乏对知识的继续思考与深入研究，不利于学生形成完整的知识网络，无法理解学科的本质，这成为学生核心素养形成的阻碍；核心素养具有情境性和迁移性的特征，真实的教学情境对于课堂教学有着不可或缺的作用，眼下情境的固化现象严重，也是学生素养形成路上的"拦路虎"。

核心素养的落实是一项接力棒的工程，需要长久发力，2022 年 4 月，教育部正式发布《义务教育课程方案和课程标准（2022 年版）》，对各个学科都提出了相应的课程要培养的素养要求，其中提到化学课程是一门自然科学课程，对落实立德树人根本任务、促进学生德智体美劳全面发展具有重要价值，其有利于激发学生对物质世界的好奇心，形成物质及其变化等化学观念，发展科学思维、创新精神与实践能力，养成科学态度和社会责任，为学生的终身发展奠定基础。对于义务教育阶段化学课程来说，要让化学核心素养真正落地生根，从而内化为学生成长的源源动力，关键是找到化学核心素养与学生学习之间的关联性，实现学生学习过程与化学核心素养内容之间的有效对接，而大单元教学设计是解决这一问题的重要途径。

大单元教学是以系统论为指导，在教学过程中突出了知识的建构过程，强调教学整体与部分之间的联系,在真实的情境中解决问题。大单元教学有助于实现知识的整合,促进教师由"教教材"向"用教材教"转变,促进教法和学法的转变,促进学生核心素养的形成。如何设计出好的教学内容和形式来培养学生化学学科素养则成为教师们关注的焦点。大单元教学理念的提出能很好地解决这个问题。它让教师站在更高的角度,从教学的全局出发,跨学段、跨单元将知识进行有效迁移,重新构造一个符合教学实际的知识系统,使课堂内容更充实,教学环节更紧凑。

学生在这种学习模式下,其学习方式也会潜移默化的发生转变:从传统性的"死记硬背"转化为"主动发现问题,解决问题,并能将知识运用到生活"。学生在整个初中的化学学习中,既掌握了基本的化学认知,又发展了一定层次的化学思维,初步具备了一定的化学学科素养,并将其逐渐融入自身的思维发展中,形成学习化学知识的根本驱动力,为高中甚至以后的化学学习打下一个良好的基础。

大单元教学设计将零碎的化学知识融合成一个有逻辑的知识体系,学生能从体系中掌握知识,从而促进学生提升自身的化学学习素养和分析素养。化学学科核心素养要求层层深入,要培养学生的化学学科核心素养基本上划分为五个维度,即从最基础的宏观辨识和微观探析,变化观念与平衡思想,上升到证据推理和模型认知,最终达到高层次的科学探究和创新意识,以及科学精神与社会责任。在初中阶段的化学学习中,学生要通过相关知识认识并理解这五个维度。

例如,通过分子和原子认识微观世界,通过元素了解宏观物质;了解物质的化学变化和物理变化,了解到世界是变化的这一辩证主义思想;通过质量守恒定律明白平衡的意义;能通过物质的性质推断相关的化学反应,进而设计实验来探究未知的物质等。这在一定程度上反映了新时代对新青年的培养需求:教育不仅要注重学科知识与社会生活的联系,更要注重培养学生的学科理念、思维方式以及价值观念,使其更好地服务于社会。

这也对教师提出了更高的要求。教师需要反复、深入地研究化学课程的意义、内容和目标,根据课程标准整合整个学科知识体系,再将其划分为一个个大单元,提升教学设计层次,从关注"碎片化知识点"转变为关注"大单元教学设计",将化学学科的五大维度渗透到课程中。

在此基础上，教学过程中教师还要充分发挥化学课程的全面教育功能、整体规划化学核心素养的全面发展、建构大概念统领的化学课程内容体系、重视核心素养导向的化学教学以及倡导发展性化学教学评价尝试去设计教学，形成具有针对性的教学策略，旨在通过教师不断的教学实践与反思，将化学学科思想渗透于化学课堂，培养具有独立思考和创新能力的新时代学生。进行核心素养下的初中化学大单元教学，才是符合新课程标准中义务教育阶段课程理念要求的教学。

第二节
指向素养的大单元教学设计理念

传统意义上的教学设计,以 45 分钟 1 课时为单位,以下课铃声响起宣告课堂学习结束,学习课程暂时终结。但是短短的 45 分钟,学生只学到本节课的某一个或者某几个知识点,无法了解知识之间的相关性,更不能提升学习的自主性,形成学科核心素养。学科素养也不能仅仅依靠某一节课,或者某一课中的几个知识点,又或者是一个简单的实验探究。它是学生通过日积月累的学习之后,所具备的良好学习品格、能力与价值观。如何让学生逐步形成学科素养则是一个大的项目、大的问题和大的任务。

因此,内容上连续不间断,形式上仍以 45 分钟一节课运转的教学设计应运而生,即大单元教学设计。大单元教学设计不仅是将教材内容进行简单整合,或者基础知识的简单传授,还是教师通过反复认真的研究教材,分析教材的教学内容,精准定位教学目标,从全局出发,将细碎的、零散的知识整体化、系统化、综合化,设计成一个"大单元"的知识结构,整合成一个新的、更完整的教学体系。对于学生来说,大单元学习是获取系统知识,训练逻辑思维和形成情感价值观的基本单位;对于教师来说,大单元是教学设计的基本单位,它能实现教学的连续性和相关性。好的大单元设计还能检验教师专业知识结构。

一、大单元教学设计的前提

一是教师须熟悉所有教学内容,教学目标和教学重、难点,并根据知识的相关性重构教学内容,以此设计大单元整体教学。二是教师应该学生身心发展水平、认知规律与客观事实,对学生学习知识的能力有一定的掌握,以此来设置好学习目标,选择适合的教学策略对学生进行启发和能力培养。

二、大单元教学设计的流程

一是仔细研读新版化学课程标准,认真分析教材,将相关联的课程教学阶段性目标以及教学内容结构进行深入的分析与研究,思考如何将教学进行整体规划,达到最终的教学目标。二是掌握学情,将教材内容进行归类:划分主题,确定教学目标,设定课时,设计好教学环节和学习任务,制定单元教学评价和检测。三是,课上实施大单元教学设计。第四,根据教学效果,总结反思单元教学成效。

三、大单元教学设计的案例:"碳元素"单元设计

笔者通过研究教材和浅薄的教学经验,将人教版九年级化学上下册关于碳元素的相关知识整合到一起,形成了碳元素的大单元教学。课本中关于"碳元素"物质涉及的单元主题如下表所示:

表 3-1 "碳元素"涉及知识章节

单元	课题	教学内容	教学目标
第一单元 走进化学世界	课题:实验是一门以实验为基础的科学	1. 蜡烛及其燃烧的探究 2. 呼出的气体和空气中的CO_2含量差异物	了解CO_2的部分性质:能够使澄清石灰水变浑浊,能够使燃着的木条熄灭,初步了解科学探究过程
第二单元 我们周围的空气	课题:空气	空气的组成成分	知道空气中存在CO_2,CO_2是一种纯净物
第六单元 碳和碳的氧化物	课题:金刚石、石墨和C_{60}	介绍了石墨、金刚石、C_{60}几种物质的结构、性质、石墨和用途	知道结构决定性质,性质决定用途,了解碳常温下不易发生变化,而在高温的条件下,可以和多种物质发生化学反应
	课题:二氧化碳制取的研究	探究实验室制取二氧化碳的药品和装置	知道结构决定性质,性质决定用途,了解碳常温下不易发生变化,而在高温的条件下,可以和多种物质发生化学反应

续表

单元	课题	教学内容	教学目标
第六单元 碳和碳的氧化物	课题：二氧化碳和一氧化碳	对比学习二氧化碳和一氧化碳性质和用途	进一步了解分子构成不同会导致物质的性质和用途的差异，知道二氧化碳和一氧化碳对人和环境的影响
第七单元 燃料及其应用	课题：燃料的合理开发和利用	化石燃料的燃烧可以释放能量	了解燃料燃烧的条件和注意事项
第八单元 金属和金属材料	课题：金属资源的利用和保护	碳单质冶炼金属，回收利用金属资源	了解金属中碳含量不同，性质也存在差异
第十一单元 盐、化肥	课题：生活中常见的盐	学习碳酸钠、碳酸氢钠和碳酸钙三种盐的性质和用途	知道碳酸盐和碳酸氢盐的性质和用途
第十二单元 化学与生活	课题：人类重要的营养物质	认识油脂、蛋白质、糖类、维生素等几种含碳有机物	知道营养物质在人体中的作用

由表中内容可知，教材中与"探秘碳元素"相关的内容涉及七个单元，9 个课题。知识分散性太强，学生学习没有连贯性。若将其根据阶段教学目标及学生认知程度，将碳元素的相关知识整合成大单元，可以逐渐帮助学生建构"碳家族"的知识理念，深层次地掌握物质的组成与结构、物质多样性的知识，形成"物质的组成与结构决定物质的性质，物质的性质影响用途"的学科思想。

基于对教材内容的分析，笔者建构了"探秘碳家族"大单元的概念体系，如下图所示。

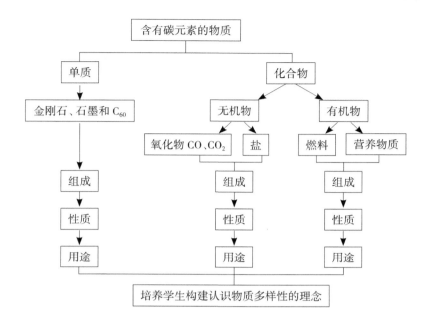

图 3-1　探秘碳家族

在学习"碳元素"知识过程中，学生能够意识到自然界中物质的变化对人类的生存、生活、生产带来巨大的影响；了解利用物质的化学变化不仅可以获得新物质，还能获得化学变化产生的能量的知识；了解人类可以根据物质的性质和化学变化的规律，改变反应条件，使化学反应朝预期的方向发展。通过对上述概念体系内容的建构，学生在接受高等的学习也能够利用相同的思维方式为基础，进而分析和解决有关的问题。下表则是笔者设计的"碳元素"知识的大单元教学。

表 3-2　探秘"碳元素"

课题名称	重难点	课程教学目标	单元教学目标	课时
认识碳	复习微观原子和宏观元素	掌握碳原子结构示意图，复习理解原子、元素的概念	1. 建立起宏观的元素组成物质的意识	0.5课时
重要的碳单质——金刚石、石墨、C_{60}	1. 碳单质物理性质、化学和用途 2. 新型碳单质的用途	1. 知道几种碳单质的物理性质、用途以及对原子排列方式的分析 2. 掌握碳单质的化学性质 3. 了解新型碳单质的应用	2. 理解微观粒子决定物质的性质，进而认识微观世界	1.5课时

续表

课题名称	重难点	课程教学目标	单元教学目标	课时
碳的氧化物——CO 和 CO_2	两种碳的氧化物的物理性质、化学性质和用途	1. 知道两种碳的氧化物的物理性质、化学性质,以及相关用途 2. 了解两种的氧化物对人类生活的积极影响和消极影响	3. 新型碳单质的学习能培养学生科学探究精神 4. 通过一氧化碳、二氧化碳的相关性质能理解事物的两面性,培养学生矛盾与统一的辩证观	2 课时
碳的化合物——碳酸盐和碳酸氢盐	1. 了解常见盐的俗称和用途 2. 掌握实验室制取二氧化碳的原理和装置	1. 初步了解"盐"的概念 2. 知道常见的碳酸盐和碳酸氢盐（Na_2CO_3、$CaCO_3$、$NaHCO_3$）俗称和用途 3. 引申出二氧化碳的实验室制法和工业制法		2 课时
有机物	根据定义认识常见的有机化合物	1. 了解有机物的意义 2. 认识常见的有机化合物		1 课时
单元复习		创编合适题型,讲练结合		2 课时

笔者通过创设相关情境,引导学生初步呈现如下的思维模式:按照碳元素—碳元素组成的单质—碳元素组成的化合物的顺序系统学习。在这种学习体系中,学生能不断的发现问题,解决问题,最终全方位的掌握关于碳元素的系列知识,学习体系更加完整,内容更加充实,同时潜移默化地建立了宏观辨识和微观探析的学科素养,从而培养学生从化学视角即碳元素研究物质及其变化规律的思路和方法,从宏观、微观和符号的视角探究物质及其变化规律的认知方式,逐步养成了课程标准中提到的科学思维。

四、大单元教学设计的结论与展望

通过精心设计大单元教学,将知识进行逻辑性整合,激发学生的学习主动性,引导他们不断探索知识的奥秘,发现问题并最终解决问题。在这个过程中,系统性的知识学习优化了学生的思维逻辑和探究精神,初步的形成了学科素养。

新课程标准同样提出了应让每一个学习主题围绕大单元教学选取多维度的具体学习内容，充分发挥大单元教学对实现知识的结构化和素养化的功能价值。因此实施大单元教学设计策略是培养学生学科素养的重要方式。

今后，大单元教学设计策略要更加科学合理地应用到化学课堂教学中，最大限度地发挥培养学科素养的优势，进而落实新课标提出的育人要求，推动义务教育高质量发展，为祖国培养出有理想、有本领、有担当的时代新人。

第四章
素养导向：学科大概念引领单元主题教学

　　学科核心素养落实的重要途径之一是以学科大概念为引领的单元主题教学。通过对大概念的解读，文中提出依据学科课程标准和初中化学学科特点来提炼大概念。依据大概念和学生认知水平来建构单元主题教学的思想。实践证明，在大概念引导下，将学科的相关知识内容建立联系，在学生的认知递进性发展的基础上开展单元教学，学生能理解学科具体内容所隐含的更本质的思想和方法，使知识结构化，教学内容情景化。大概念教学和单元教学是落实核心素养的两个重要教学理念，如何在教学设计中将两种理念融合，通过大概念的引领促进单元教学的实现，有效实现核心素养教学，是一线教师值得研究的课题。

第一节
初中化学大概念的提炼与单元主题教学

核心素养如何在教学实践中得到有效落实，是我们进行课程研究的重点。在实践中，我们以学科大概念为引领，使课程的知识内容呈现结构化特点，能有效提升学生的核心素养。其中大概念统领下的单元主题教学是在学科教学落实核心素养的有效途径。大概念单元主题教学的关键是要准确地提炼出学科大概念，将大概念转化为核心问题、设计核心任务、分解子任务、进行课堂设计、完成课堂驱动性问题等。可以说，将大概念形成整体化的单元设计是学科核心素养落地的重要途径，使"知识点的灌输式教学"变为"素养教学"。

一、初中化学大概念的提炼

大概念不是指某一知识内容的具体概念，它是指具体概念所隐含的更为核心的观念和理解。大概念是对概念间关系的抽象表达，是对知识内在关系及规律的高度概括。学科大概念能反映学科的特质，具有较为广泛的适用性，能超越课堂，形成具有概括性和迁移价值的思想和方法。把握大概念，就可以把握知识间的纵横关系及本质联系，把具体问题用抽象概括获得的大概念来指导或解决，是促进学生将知识转化为能力的重要途径。例如，初中化学的大概念有结构决定物质性质、化学反应中的质量守恒等。物质的结构决定性质、性质决定用途这一概念具有抽象性、普遍性的特点，适用的范围较大，我们称之为物质的结构、性质与用途之间关系的大概念。

学科不同，其研究的对象、基本方法及由此获得的学科思维方式等是不同的。凸显学科的本质和特征是学科大概念的提炼依据。初中化学的学科大概念可以从化学学科的角度与研究层面切入。如从原子和分子等微观结构对物质性质的影响进行概括、从物质的性质与用途的关系方面进行提炼、从物质的化学变化与物质的质量之间的关系进行归纳等,以此体现化学学科特有的思维方式。从学科大概念来游视具体知识内容,建立关联或对接,有利于学生分析和把握具体内容后更为本质的思想与方法。

二、初中化学单元主题的确定

教师在对课程标准、教材、学生等方面深入解读后,确定单元主题,根据对教学内容的把握和学生特点的分析,对教学内容进行重新整合,形成相对完整的单元教学主题。确定单元教学主题的重要环节是以大概念为统领建立相关内容的联系。建构单元主题教学要着眼于学生学科核心素养的发展,兼顾学生现有知识水平、思维能力等多个层面。帮助学生从化学视角看待事物,建构系统化的知识结构,形成解决具体问题的思路与方法,促进学生由"知"向"能"的转化。

物质的微观结构与物质的性质和用途等相关内容分散在人教版教材各个章节里,从学生学习的角度分析分子、原子和离子的概念,理解不同碳单质物理性质差别较大的原因,以及酸碱的通性,是学生学习的难点。学生对这些知识间内在联系感到生疏。从微观视角分析,在水溶液中酸和碱具有酸和碱的通性,其实质是酸和碱在水分子的作用下能解离出自由移动的氢离子(水合氢离子)与氢氧根离子(水合氢氧根离子)的性质。

基于初中阶段的认知水平,学生还未形成从微观角度分析理解物质性质的思维方法。在教学中,帮助学生建构出从化学学科的角度研究物质性质的思路与方法,就显得尤为重要。图4-1是确定以"认识碳单质和酸、碱"为主题的单元教学的知识层级关系图。层级关系图中,由下而上是对知识的抽象概括,由上而下是知识的迁移应用,使学生建立起从微观角度分析物质的性质,及性质与用途关系的化学思想。

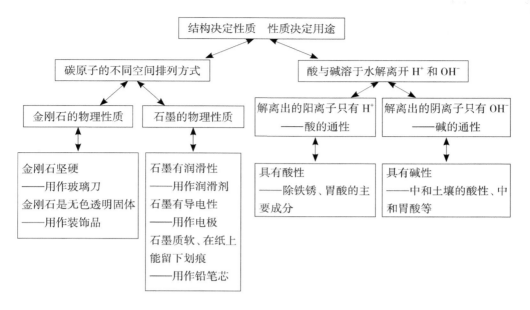

图 4-1　以"认识碳单质和酸、碱"为主题的单元教学知识层级关系图

按照物质的结构决定性质、性质决定用途的大概念思想，整个单元主题教学可以设计成三个小单元，每个小单元又分成若干教学课题，内容如下表所示。

表 4-1　认识碳单质和酸、碱的单元主题教学

	单元内容	课题名称
单元一 微观世界探秘	认识分子、原子和离子的概念和特征；学习原子结构示意图；学习离子的形成过程	1. 探秘分子 2. 探秘原子 3. 原子结构的表示方法和离子的形成
单元二 金刚石和石墨	金刚石和石墨的结构、性质和用途，认识碳单质的多样性	1. 金刚石和石墨的结构、性质与用途 2. 多种无定形碳及 C_{60}
单元三 酸和碱的通性	了解溶液的形成、认识溶液的导电性，了解酸和碱的概念、性质和用途	1. 溶液的导电性和溶液的形成 2. 认识酸和碱的结构 3. 酸的通性和用途 4. 碱的通性和用途

这样在大概念统领下的单元主题设计，使教学内容情景化，学生在解决实际问题的过程中，将知识转化成能力，形成学科素养。

三、初中化学大概念下的单元主题教学研究与实践

本课选取的是单元主题教学"认识碳单质和酸、碱"中的一个课时——金刚石和石墨的结构、性质与用途。这节课通过对几种碳单质的结构、性质与用途的内容学习及知识间联系的建构，使学生建立起物质的结构决定性质、性质决定用途的学科大概念。教学设计如下表：

表4-2　结构决定性质、性质决定用途的大概念教学设计

设计环节	设计意图
观看学生自己编导的视频《不同的碳单质》。提出关键性问题1：都是碳元素组成的单质为什么宏观差别这么大	创设教学情境，激发学生的学习兴趣，引发学生对同种元素组成的不同碳单质进行思考，为什么它们的宏观性质差别这么大
展示搜集到的有关金刚石与石墨的视频与文字资料，从资料中选取有价值的信息	培养学生从资料中选取信息的自主学习能力，认识不同的碳单质
学生对找到的信息经过评价后，确定信息分类的标准。关键性问题2：能否把我们搜集到的有关金刚石和石墨的资料按照一定的标准进行分类吗？学生按照自己制定的分类标准对信息进行分类归纳	培养学生对信息进行分类、归纳处理问题的自主学习能力。为学习"结构决定性质、性质决定用途"这一大概念作铺垫
关键性问题3：金刚石与石墨两物质的性质与用途的关系是什么	引导学生思考性质与用途的关系，培养学生从化学的视角来分析物质的辩证关系，引导出大概念
通过资料了解金刚石与石墨的结构，知道不同碳单质，碳原子的排列方式不同。提出关键性问题4：金刚石与石墨的结构和性质有什么关系	引导学生从微观角度分析物质的性质，培养学生微观探析和模型认知的素养。建立结构决定性质的大概念
通过趣味实验了解多种碳单质的用途	认识物质的多样化，提高学生学习化学的兴趣，并知道化学对生活起到的的重要作用，形成大概念的引申

这堂课的设计是在大概念的统领下让学生具备对本节课的基本理解，然后在基本理解的暗示下，寻找隐含的基本问题，逆向思考，将基本问题置于真实的生活情境中，在探究性学习活动中，学生完成学习任务。为了建构大概念，使学生认识

物质结构、性质与用途的关系，教学中依次展示了四个关键性问题：为什么都是同种元素组成的单质宏观差别这么大呢？能否把我们搜集到的有关金刚石和石墨的资料按照一定的标准进行分类吗？金刚石与石墨两物质的性质与用途之间有什么关系？结构与性质之间有什么关系？这些驱动性问题的提出使学生对于结构决定性质、性质决定用途这一大概念的理解上水到渠成。在每个知识环节后都有反馈评价，使"教—学—评"成为一个整体，达到学生进行深度学习的目的。

以学科大概念为核心，使课程内容结构化，以单元主题为引领，使课程内容情境化。在教学过程中，学生是主动"进入"知识过程的主体，他们亲身体验知识再生成的过程，认识知识背后所蕴含的学科思想，逐步建构起结构决定性质、性质决定用途这一大概念，使学科核心素养得以真正落实。

第二节
新课标体系下如何构建学生的微观大概念

《义务教育化学课程标准（2022年版）》提出要构建大概念统领的化学课程内容体系，反映核心素养在各学习主题下的特质化内容要求。微观大概念是化学学科的核心，教师在教学过程中可以通过"准备、建构、应用、反思"四个环节进行微观大概念的建构。

近年来，理论界和实践界都不约而同地将目光聚焦到"大概念"上，并形成了一个共识——大概念是落实素养导向教学的抓手。新课标中更加旗帜鲜明地提出了要构建大概念统领的化学课程内容体系，注重学科内的融合及学科间的联系，明确学习主题，凝练大概念，反映核心素养在各学习主题下的特质化内容要求。这就要求我们一线教师在实际教学过程中，要紧紧围绕着化学学科大概念，既教授本学科的核心知识和思维方法，又要注重对学生探究实践能力和情感态度价值观的培养，以期充分发挥大概念对实现知识结构化和素养化的功能价值。学生在学习后，不仅能学会学习，更能掌握认识和理解世界的方法。

那么，到底什么是大概念呢？很多教师会将大概念理解为学科的重要概念或基础概念。这种理解未必是错误，但失于片面。大概念的"大"，所指的乃是"核心"，具备更高的维度和更强的迁移性，也是学习的自我生长点。如果说学科呈现在人们面前是一朵美丽的雪花，那么大概念就是冰晶凝结生长所必不可少的晶核——核心。

大概念反映的是学科本质，具有高度概括性、统摄性和迁移应用价值。从学科视角出发，化学学科的大概念与化学学科观念（即化学观念）在本质上是一致的，它处于化学学科整体结构最中心的位置，它所衍生出来的核心知识、思维和方法交织成完整的化学学科知识体系，并处于不断的生长过程中。可以说，构建学生的化学学科大概念，最能体现新课标培养学生核心素养，体现学科育人价值的课程目标，是新课标落实过程中的重中之重。

翻阅新课标，我们发现化学学科的大概念有"化学科学本质""物质的多样性""物质的组成""物质的变化与转化""化学与可持续发展"等，在这些大概念中，哪一个是目前教学环节中最需要侧重的呢？笔者认为，当属"物质的组成"大概念，即物质是由微观粒子构成的，其性质与物质的组成、结构有关。

为什么会这样认为？原因有二。一是因为在义务教育阶段的化学学科学习过程中，"物质的组成"这一大概念可谓贯穿始终，缘起于绪言开篇，筑成于三四单元的物质构成，并将其应用理解广泛渗透在其后的每一个单元中。可以毫不夸张地说，要培养学生的化学观念，就必须建立学生以微观视角看待世界的方式；要建立学生以微观视角看待世界的方式，就必须毫不动摇地坚持落实"物质的组成"大概念。二是因为在《科学教育的原则与大概念》一书中，作者选定了 14 个科学大概念，第一就是"宇宙中所有的物质都是由很小的微粒构成的"这种微粒观的化学观念关系着整个科学大厦的构筑，是认识和研究物质世界的绝对基础。如果不能建构学生的微观大概念，就无法培养学生的化学观念，学生对于化学学科的学习就永远是散而浅的，既无法建构完整的知识体系，又无法理解符号化的化学知识背后所蕴含的逻辑根据、思想方法和价值意义，更不能体会化学学科在促进社会可持续发展上的正确认识和所表现出的责任担当。

那么，我们应该如何将构建微观大概念融入日常的教学过程中呢？我们必须明确一个前提，那就是大概念教学是一个持续的探究过程，在教学过程中会不断"反刍"。因此，大概念建构的过程是由"准备、建构、应用、反思"四个环节循环交织而成的。

在准备环节，学生需要认识到学习的价值和方向；在建构环节，则通过具体案例来理解微观大概念；在应用环节，学生将其应用到新的具体案例中；在整个学习过程中，反思环节贯穿始终，学生对自己所学不断

图4-2　大概念教学的过程模型

地进行自我评价和整合。下面,我们将逐步进行探讨。

一、学生微观大概念的准备环节

在正式教学开始之前,需要为激发学生动机做好充足的准备。学生可能会问:"我们为什么要学习化学?""会做题就行了,为什么要对微观理解那么深入?"提出这样问题的学生,他们的学习往往是被动的、功利的,他们感受不到学习化学的意义,自然也没有充分的动机来学习。

面对这种情况,我们可以充分利用学生的好奇心,抛出诸如"一尺之捶,日取其半,万世不竭否""石墨和金刚石都是碳元素组成的单质,为什么性质天差地别""纯水不导电,为什么加入氯化钠就可以导电了"这样的问题,引发学生的思考,让学生逐步意识到,化学是一门"透过现象看本质"的学科,那些微观不可见的粒子实质上主宰了我们日常生活的方方面面,从而激发学生的学习动机,乐此不疲地探索下去。

教师还可以通过撰写单元概述来帮助学生从整体上把握学习的方向。单元概述不是抽象的描述,而是通过科普式的语言,向学生介绍单元学习的意义、安排、任务、评价等。例如,我们对"微观"大单元学习的意义可以进行如下描述:"微观粒子无处不在,你的肉眼看不见它,但它实实在在地构成了我们身边的物质世界。一根木棒可以无限分割下去吗?数学家点点头,化学家却摇摇头。我们的目光追随着化学家的手,看他们将物质一次次分开,分成分子,再分成原子,再重组成分子,再构建成新奇的物质。在这一次次的'破'和'立'中,物质完成了华丽的转身,而我们的世界也才有了不断发展的基础。"

二、学生微观大概念的建构环节

建构是整个大单元教学中非常重要的一个环节,它是学生通过分析、推理、抽象、概括等多种思维方式协同作用后,最终理解大概念的过程。需要注意的是,建构环节不是严格独立的,它与应用环节往往相辅相成,共同构成"具体—抽象—具体"的连续过程。

在大单元教学中，教师经常面对的一个困惑就是"要不要把大概念先告诉学生"，似乎在担忧如果事先告知了，学生就失去了"自主学习"的宝贵经验，课堂又回归到教师讲、学生听的老路上来。这种担忧其实大可不必，因为我们有两种学习的思维方式，即归纳（具体—抽象）和演绎（抽象—具体），进而衍生出两种教学倾向，即归纳式教学和演绎式教学。采用何种教学方式，应该由学段、学科、学生的具体情况并结合所学内容来定。

在建构过程中，有一点是教师需要额外留意的，那就是教师不是"讲述"专家结论，而是"阐释"专家思维；学生要学习的不是已有的结论，而是如何一步步思考问题、解决问题的过程。

在教学过程中，教师容易习惯性地从自己的立场出发，认为所学知识非常简单，按照自己的理解按部就班地进行讲授，而忽略了学生的困惑与盲区，甚至在学生提出一些问题时，自己也茫然无措，认为"这有什么好解释的呢"。

那么，如何在教学过程中多体现专家思维呢？笔者认为，一方面可以通过某知识发展的相关"史"来帮助学生理解。例如，原子的内部结构是非常抽象的，但笔者尝试介绍了从古希腊时期的德谟克利特到 19、20 世纪的道尔顿、汤姆生、卢瑟福等科学家对原子结构探索的历史后，发现学生对原子结构的学习就不再是简单的死记硬背了，他们通过了解化学的历史，掌握了这种微观、抽象的结构背后的逻辑。这就是专家思维的体现。

另一方面，我们也需要教师多回忆自己还是学生时针对某一化学问题的困惑，以学生的视角看待即将讲授的新知识，才能更好地引领学生一起迈过新知识的门槛。教师可以通过第一人称"我"来展现思维过程，如"我当年学习分子的间隔时，总是记混，我的老师告诉我们，每个人都是一个分子，当你们整整齐齐坐在教室里上课时就形成了固体；当你们在操场上自由活动时，就形成了气体"。这样生动形象的比喻也有利于学生加深印象，理解新知识。

三、学生微观大概念的应用环节

应用是抽象到具体的体现，设计应用环节主要是指设计作业环节。不同于传统作业,单元作业要渗透更多的真实的问题情境,且可以没有标准答案,甚至可以以跨学科的形式呈现。例如,在学习了微观大单元后,学生可以从质子、中子或电子中任选一个视角,写一篇两三百字的科普小短文,介绍原子结构或者化学反应的微观实质。

需要注意的是,这种作业不仅对学生的能力有了更高的要求和锻炼,对教师亦然。教师只有不断地充实提高自己,让自己有更广的视野、更深的思考,才能应对大单元教学和新课标所提出的新要求、新目标,形成师生教学相长的良性互动。因此,教师在设计应用环节时应注重开阔思路,设计富有挑战性和启发性的作业,激发学生的创造力和探究精神,培养他们解决实际问题的能力和跨学科思维。同时,教师自身也应积极更新知识,不断提升专业水平,更好地引导学生在应用环节中发展和成长。

四、学生微观大概念的反思环节

反思环节不仅发生在学习结束后,更贯穿学习的整个过程;不仅学生需要对自己的学习过程进行反思,教师更需要对自己教学方法、教学过程等进行反思。

针对学生的反思可以设计为持续性的反思任务,对比自己在单元学习前和单元学习后对同一知识、同一概念的理解,在单元学习后构建本单元的思维导图,强化专家思维等。

针对教师的反思,需要注重来自学生的反馈。教师可以设立问题箱,学生在整个学习过程中把产生的问题写在纸上投入其中,教师定期收集整理,在给予学生反馈的同时,也可以以此为依据改进教学设计方案。例如,有学生反馈在酸、碱、盐的学习中,总是不理解水溶液导电的原因,这就提示我们需要在新一轮的教学中要注重对酸、碱、盐水溶液中解离出离子这一概念及其思维方式的阐述。

微观大单元在化学学科中,以其基础性和抽象性为人们所看重。只有充分建构了微观大概念,才能充分地形成化学观念,建立物质宏观和微观视角的关联,养成化学学科核心素养,更好地筑起化学这座恢宏的大厦,用化学的知识,为社会发展贡献力量,体现应有的担当。

第三节
大概念教学对培养学生科学思维的思考

《义务教育化学课程标准（2022年版）》提出构建大概念统领的化学课程内容体系的要求。这意味着在教学中，学生将已有的知识经验与学科知识相结合，明确学习主题，凝练大概念，反映了核心素养在各学习主题下的特质化内容要求。我们的教学，不只是关注具体知识点，还要关注核心素养的发展，实施大概念教学，使学生站在更高的角度去认识、学习、应用化学，对培养学生的科学思维也大有裨益。

早在100年前，学者们就开始讨论大概念。怀特海提出，让儿童的思想少而重要，并尽可能结合在一起。布鲁纳强调，不论教师教授哪门学科，一定要使学生理解该学科的基本结构，这有助于学生解决课堂内外遇到的各类问题。大概念可以是一个主题、一个概念或者是一个观念。大概念适用于一切学科知识，不同领域会有不同的大概念，从外延来看，大概念可以涵盖哲学观念、跨学科概念以及核心概念，化学义务教育课程分为5个学习主题，其中化学科学本质、物质的多样性、物质的组成、物质的变化与转化、化学与可持续发展是这几个学习主题对应的学科核心概念。

大概念的基本特征如下：一是中心性。大概念就像一个文件夹，里面归档了无数小概念，大概念居于学科中心位置，体现学科结构和学科本质。二是可持久性。大概念源于对学科的深入理解，具有可持久性，是经验和事实消失后存留的核心概念。三是网络状。大概念是构成学科和学科间通信的基站，相互之间形成网络结构，成为构建学科核心素养的骨架。四是可迁移性。大概念具有可迁移性，布鲁纳认为，迁移是教学过程的核心。大概念具有极大的迁移价值，也是培养学生核心素养的重要途径。利用大概念可以优化思维的品质，有利于培养学生的科学思维。

　　大单元教学提倡学生像专家一样思考,有利于学生科学思维的培养。什么是科学思维呢? 胡卫平教授认为,科学思维是具有意识的人脑对科学事物的本质属性、内在规律性及事物间的相互联系和关系的间接和概括的反映。在培养学科大概念思维方面,教师需要引导学生去发现学科知识之间的内在联系,帮助他们理解学科知识的结构和组织方式。通过引导学生进行更高层次的概括,教师可以帮助学生形成更加全面和系统的认知结构。此外,教师还应该引导学生学会提出一般性的大问题,这可以帮助他们从更宏观的角度去思考和探索具体问题。

　　总而言之,大单元教学的核心理念是培养学生像专家一样思考,通过引导学生发展科学思维,寻找学科知识间的内在联系,进行更高层次的概括,提出一般性的大问题,运用大观点思考具体问题,并培养解决问题的思维和通用方法。这种教学方法有助于学生培养批判性思维、创造性思维和解决问题的能力,提高他们的科学素养和科学精神,为他们未来的学习和发展奠定坚实的基础。

一、大概念的建构提高科学思维的系统性

　　传统教学关注的零碎的知识,学生很难把这些知识联系起来。大概念关注的是宏观层面,从课程的视角解释世界的复杂联系。大概念的思维要求学生透过不同知识的表面差异寻找其内在的规律性和系统性,用宏观的思维将表面上无直接关系的零碎的知识形成统一整体,从而培养学生的专家思维。

　　如氧气、氢气、二氧化碳的制备方法,三种不同的气体所用的药品、仪器操作步骤不尽相同,但是在制备的时候都要考虑实验原理,选择合适的试剂,现象要明显,操作要简便,速率要适中,根据反应物的状态和反应条件选择合适的发生装置,根据生成物的物理性质和化学性质选择适当的收集装置,学生在学习不同的气体的制备中体会气体制备的一般思路,从而建立气体制备思维模型,为知识的迁移打下基础。

　　如化合反应、分解反应、置换反应和复分解反应是几个不同的概念,其对应的反应特征也不相同,但是从大概念的角度分析,它们具有内在的一致性。它们都是从反应物、生成物的种类与数量进行分类的,都属于从反应形式上进行的分类,属

于基本反应类型。对于新的反应，可以通过从元素组成的角度对物质的分类和物质的种类进行分析，从而确定是否属于基本反应类型，可以把不同反应归整到同一结构中，从而了解反应的特点。

二、大概念教学有利于培养学生科学思维的深刻性

实施大概念教学有利于学生进行深度学习。郭元祥教授提出，真正意义上的深度学习是指在教师的深度指导的基础上，学生对知识系统进行逐层深化的学习，以及在学习的过程中深刻参与投入，最终形成学科核心素养的一种有意义的学习。提高思维的深度，就要提高思考的层次。要做到深度思维，就要做到更细致地拆分问题和信息，准确地归纳问题的脉络和特征，更广泛地找寻信息之间的关联，更准确地把握问题和信息的核心关键。大概念教学就是要培养学生对一些问题进行细致分析和上位化概括，能够自下而上的提取大概念，突破具体情境的束缚，使思维不断地抽象化与概括化，接近事物的本质。

举个例子，学生学习了物质的物理性质与化学性质，一些宏观的性质是由微观粒子在集体作用下的表现，是什么原因导致物质具有这样的性质呢？这就需要探究物质的微观结构与组成，从原子、分子的结构以及原子之间的成键特点以及相互作用去研究后就容易理解物质的宏观属性，大概念教学就是需要培养学生的思维模式，从而有利于学生科学思维的发展。

三、大概念教学有利于培养学生科学思维的迁移型

面对新的问题，学生应该如何解决？一般是分析新问题的特征和关键，然后调动生活经验或者知识积累等直接或间接的信息进行对照，再对当前的问题给出相同的或者类似的解决方案，这就是知识的迁移应用。刘徽提出，知识的迁移分为低通路迁移和高通路迁移。学生的刷题就是低通路迁移，因为这是从具体到具体，只是简单的复制，除了对一些事实和技巧掌握得更加熟练之外，对思维能力的提高帮助不大。而大概念就是高通路迁移，从具体到抽象、从抽象到具体，帮助学生提升多元思维。大概念教学能帮助学生建立思维模型，从更大的类别分析各类问题的

思想方法,并统摄各类问题的具体方法,这才是高层次的迁移,这种迁移是有意识的、深思熟虑的迁移。高层次的迁移能减轻学习者的负担,提高思维的品质。

如相对分子质量的计算、化合物中各元素的质量比、计算化合物中某元素的质量分数、化合物与组成元素质量的互算,虽然属于不同的计算内容,但都是关于化学式的计算,只有学生深刻理解化学式的含义,才能对各种相关计算得心应手。学生学习硫酸、盐酸的有关性质,不能孤立地去记忆每个反应,而要是利用大概念"结构决定性质"结合实验去探究了解氢离子的特点,这样才能深刻理解各个反应的特点。

四、大概念教学有利于培养学生思维的创新性

创新意识是科学思维的重要组成部分,它在培养学生的科学素养和解决问题能力方面起着重要的作用。国家十分重视创新和创新思维培养,"惟创新者进,惟创新者强,惟创新者胜",生活从不眷顾因循守旧、满足现状者,从不等待不思进取、坐享其成者,而是将更多机遇留给善于创新、勇于创新的人。提高创新能力,就要打破惯性思维,求真务实,在真实的情境中探究真知。核心素养的灵魂就是真实,能够面对复杂的真实世界找到解决问题的途径。从知识体系而言,"事实性—概念性—方法性—观念性—哲学性"是逐级递进的,大概念教学,有利于学生的思维的递进与知识的结构化,能引导学生分析、评价、改进、创造等高阶思维活动。教学中,教师采用设置情境、设计任务、驱动学习开展反思评价等活动,培养学生的深度学习能力、概括思维与发散思维,从而提高学生的创新思维能力。

创新意识是科学思维的重要组成部分,它有助于培养学生的科学素养和解决问题能力。通过打破惯性思维、追求真实和务实,以及采用大概念教学和各种教学活动,培养学生的创新思维能力,使他们成为具有创新精神和创造力的人。这将为他们未来的学习、工作和社会发展提供坚实的基础。

五、大概念教学有利于培养提高模型建构能力

发展核心素养,需要引导学生深入学习。深度学习的结果是对重要思想和过

程的持久理解，而且学习者必须自己"获得"理解。教育学家杰伊·麦克泰和哈维·F·西尔维提出，教师要教会学生自己进行意义建构，只有进入有意义的学习中，才能获得深度持久的理解，才能培养学生有价值的、可迁移的内在技能。在当今世界，知识不断增长，世界也在不断变化且变得难以预测，这要求教师将教学的重点转向相对较少但具有高度概括性和可迁移性的大概念教学。大概念教学过程中，学生通过事实、举例、观察和经验获得对概念的理解，把事实信息当作是理解的原材料，对概念和事实进行整合，在处理信息的过程中完成模型的构建，并且能主动进行迁移，提高解决问题的能力。

大概念教学基于真实情境，具备生活价值和迁移价值，能够使学生改变思维方式，提高知识的结构化程度，培养专家思维与化学观念，帮助解决实际问题，有利于促进学生深度学习，减轻学生负担，提高教学效益。

通过引导学生进行深度学习，特别是采用大概念教学方法，可以帮助学生获得持久的理解和有价值的可迁移技能。这种教学方法能够应对知识不断增长和世界变化的挑战，培养学生的专家思维和解决问题的能力，同时促进学生的深度学习，减轻他们的学习负担，提高教学效率。

第五章

聚焦课堂:大单元多层级教学模式总体规划

　　大单元教学即整体单元教学,是将一个单元视作一个相对自给自足的学习整体。在明确学习目标的指导下,系统规划、整合和设计单位的学习内容和活动,注重联系和发展,充分发挥和落实单元学习价值,以清晰的路径促进学科素养的提高。它从单一教学发展到单元教学,再发展到单元主题教学。

第一节
理念思考：大单元多层级教学模式的内涵解读

教师要把立德树人作为教育的根本任务，培养学生的学科核心素养，促进学生的全面发展。大单元教学是培养学生核心素养的重要途径。教师以此为基础设计教学活动，培养学生的创造性、独立性、批判性，实现学生的深度学习。

一、大单元多层级教学的必要性

中学化学教学内容是围绕概念展开的，绝大多数的初中化学实验、计算等学习方式都是为了使学生深入理解相关概念。如质量守恒定律和固体物质的溶解度概念都是在实验探究的基础上归纳总结出来的。初中化学概念具有抽象性的特点，虽然比较零散但有其系统性，概念间存在着必然的联系。在中学化学大概念的教学中，教师通过多种教学方式、方法和手段，使学生深入理解概念的内涵，在此基础上围绕概念引导学生自主构建、综合概括、抽象思维、准确表达，使学生建立起概念之间的各种相关联系，深度理解概念的外延。通过概念性的教学使学生精准掌握化学概念之间的联系，灵活掌握，认识化学的学习本质，增强创新意识和科学素养。

大概念能反映学科本质，具有高度概括性、统摄性和迁徙的应用价值，教师在教学中明确"化学学科本质""物质的多样性""物质的变化与转化""化学与可持续发展"等大概念内含要求，围绕大概念构建学习主题内容，成为课程目标具体化为学习主体的内容要求。

多年的一线教学经验和近年来国内的研究表明，中学教师对初中化学大概念的教学重视程度不足，教学方式单一，模式僵化。学生对核心概念死记硬背多、机械重复多也没有引起联想。这样的教学有技术、有手段、有做法，却不能触及学生的心灵，更不能使学生为所学知识"心动"。学生的"心"没有在学习上，何谈培养学生的创造性、独立性、批判性？如何"树人"？传统的教材单元在一定程度上分割了知识，使学生学习的知识内容体系碎片化，并且有的知识内容不符合学生认知发展特点，教师不能根据学生的情况进行因材施教。

大单元多层级教学则是站在更高的角度，教师依据教材以单元为教学基本单位，把整个初中化学学段作为整体单元内容形成大框架，在这个大框架的基础上进行设计和解读，把整个初三化学学段作为整体进行设计和有效迁移。根据《课程标准》的一级和二级主题，分层级重构符合学生认知水平的教学认知体系，使教学的内容紧凑无重复。通过大单元多层级教学，学生可以更好地实现知识体系的搭建，做到知识迁移，实现一通百通，适应世界的千变万化，更好地实现个人成长。

二、大单元多层级教学的特点

常规的初中化学教学设计具有比较完善的教学环节，依据教科书来呈现教学内容，教学目标以知识为主，具有节节清的优点。但是常规教学弱化了课与课之间的紧密联系，造成部分知识内容的碎片化，知识体系不关联、不系统，不利于学生对学科核心大概念的掌握和落实。

在多层级视域统领下的大单元教学设计围绕初中化学单元知识主题进行内容的选择和组织，形成更有功能性的知识结构，强调在知识获取的基础上，发展学生的学科核心素养，使学生系统完整地了解初中化学知识体系的横纵向联系，实现知识之间的整合与迁移。

大单元多层级教学设计避免了常规教学中知识内容的碎片化。教学设计围绕初中化学核心知识进行内容的选择和组织，形成更有功能性的知识体系，使学生较完整地理解和把握初三化学知识内容。以"微观世界探秘"单元内容为例，通过单元内容的知识结构整合与教学整体设计，形成完善的单元知识体系，为其他单元的学习提供微观角度的认知积累。大单元多层级教学通过单元主题学习能实现学生的深度学习，强调教学中以发展学生思维能力为核心的动手操作能力、观察能力等,有助于学生自主发展核心素养,强调学生作为社会主体所必须具备的健康的身心、高水平的文化修养、较强的实践能力和高尚的精神境界。

大单元多层级教学设计将教师和学生视为学习的进步者和共同建构者,从零散的知识走向相互关联,从而使学生理解化学各部分内容之间的内在逻辑关系,让学生拥有可持续发展的学习能力,在一定程度上解决了初中化学教与学中的能力培养和素养培养的缺失,引导学生的学习由能力到思维再到素养的转变。

第二节
框架构成：大单元多层级教学模式的体系层级

大单元多层级教学站在更高的角度，把整个初三化学学段作为整体进行设计，根据《义务教育化学课程标准（2022年版）》的一级和二级主题，分层级重构符合学生认知水平的教学认知体系，使教学的内容紧凑，无重复。

一、初中化学大单元多层级教学体系

教师把整个初三化学知识依据学生的认知发展水平建构成三个层级体系。第一层级是基于课标要求的整体性大概念模块；第二层级是基于教材，在第一层级的基础上进行的内容知识整合；第三层级是第二层级实施的具体分课时授课内容。第三层级中的分课时教学也可以根据实际情况进行调整，如图所示：

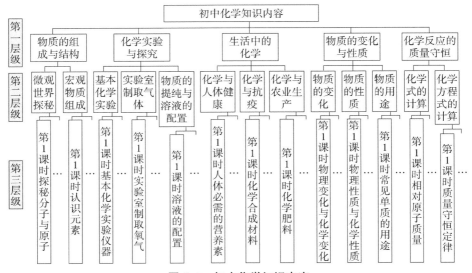

图 5-1　初中化学知识内容

其中,第二层级的单元教学设计不但能实现第一层级的教学目标,还能统领第三层级的知识内容。并且,第二层级单元内容的先后顺序和逻辑关联还直接影响学生对初中化学知识结构的理解和掌握。因此,第二层级的单元教学设计是多层级教学设计的重点和难点,在整个多层级教学体系中起到了承上启下的作用。本文以第二层级中的"微观世界探秘"单元内容为载体,通过知识结构整合和教学整体设计形成第一层级"物质的组成与结构"中第二层级"微观世界探秘"的完整单元内容,并结合第二层级的单元教学目标要求形成第三层级教学分课时的内容建构。由此便形成以"认识物质的结构"为教学主题内容的三层级大单元知识体系,为学生学习其他单元提供了微观角度的认知积累。

二、初中化学单元内容知识结构整合

第一层级中的"物质的组成与结构"分别从宏观和微观的角度引导学生认识物质,通过学习该模块培养学生的宏观辨识与微观探析的学科核心素养。第二层级的单元知识内容要依据第一层级的素养培养目标,整合课标和教材所涉及的知识点内容,形成完整的知识结构。如第一层级"物质的组成与结构"下的第二层级"微观世界探秘"的内容结构设计包含了人教版初中化学教材第三单元物质构成的奥秘中分子、原子、离子和原子结构及核外电子排布的知识内容,第四单元水的组成,第五单元化学反应的微观解释,第六单元金刚石、石墨和 C_{60} 的结构、性质与用途,第十单元、十一单元中溶液的导电性及酸、碱和盐的定义。

从人教版九年级化学上下册中抽取与微观结构相关联的知识内容,以分子、原子的概念为主线,学习探究物质构成的方法,并运用微观粒子的知识解释多种碳单质的物理性质之间的差异,了解物质的多样性,再通过物质的粒子观解释溶液的导电性,理解从粒子角度定义酸、碱和盐的概念。整个大单元的知识体系围绕着核心概念——分子和原子展开,通过从粒子角度解决实际问题,使学生建立起抽象的科学思维方法,培养学生宏观辨识与微观辨析的科学观念,实现第一层级的素养目标。

三、初中化学单元教学整体设计

（一）教学整体思路

依据第一层级"物质的组成与结构"的素养目标,第二层级"微观世界探秘"单元围绕核心概念分子和原子展开。该单元在知识结构方面的核心教学目标是引导学生建构分子、原子的结构模型,并运用分子、原子观点解决实际问题。根据第二层级的核心教学目标形成第三层级的六个课时,即课时1探秘分子与原子、课时2原子结构探秘、课时3探秘核外电子排布与离子、课时4探秘水分子结构、课时5金刚石、石墨和C_{60}、课时6溶液的导电性。随着对分子和原子的学习不断深入,学生对这一概念的认知程度逐级递增,逐步让学生建构起微观粒子模型,在探究与实践过程中发展科学思维,培养创新意识。并且,在教学中教师还进行课程思政教育,不断渗透科学家的艰苦研究过程和敢为人先的创新精神,养成学生的科学态度。教学整体思路图和教学结构流程图如下:

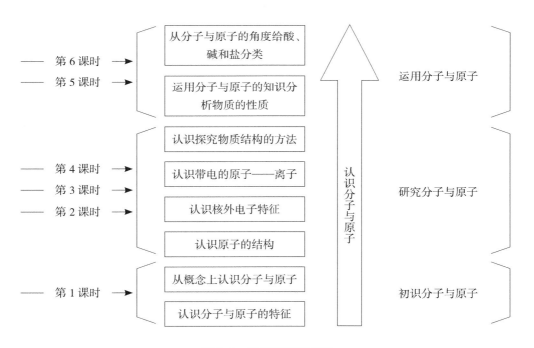

图 5-2　教学整体思路图

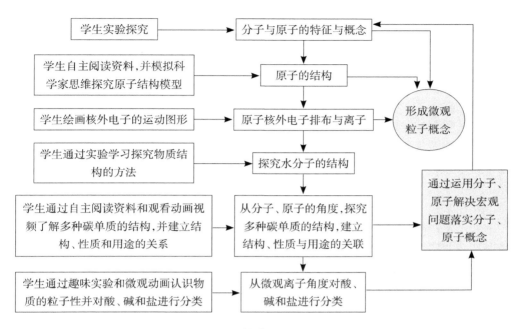

图 5-3　教学结构流程图

（二）分课时目标与单元整体目标

基于第一层级的教学素养目标，第二层级单元目标对第三层级的分课时目标起到了总领和统摄作用。如"微观世界探秘"单元的分课时目标从三个维度（建立微观粒子模型、深入研究原子结构、运用微观粒子知识解决实际问题）实现了单元总目标的教学内容。围绕第二层级单元总目标建立第三层级课时分目标（如下图）。

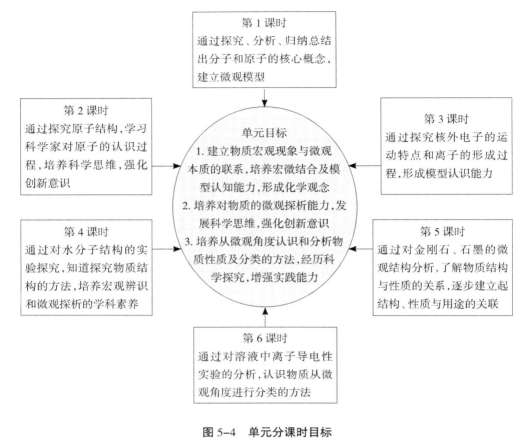

图 5-4 单元分课时目标

（三）单元教学整体评价设计

第二层级单元教学整体评价要依据单元整体目标，形成单元整体评价目标。依据单元整体目标，"微观世界探秘"的单元整体评价目标如下：

课标目标：通过评价使学生能认识分子、原子，并从微观角度认识物质的构成，解释物质的性质，让学生形成结构决定性质、性质决定用途的化学观念；能运用比较、分类、分析、综合、归纳等方法认识物质组成结构，并形成一定的证据推理能力；通过作业使学生逐步建立模型认知能力，能从微观视角解决实际问题。

教材目标：通过评价使学生认识分子和原子，并逐步建构粒子观；通过对原子构成的评价设计，使学生构建起原子模型，认识离子的形成过程；引导学生形成结构决定性质的观念,建立结构、性质与用途的关联。

学情目标:通过评价巩固学生对分子、原子的认识,并运用分子与原子知识解决实际问题;通过评价让学生形成微观模型认知,学会从分子、原子的角度认识和分析物质的性质,知道探究物质组成结构的方法。

依据单元整体评价目标形成本单元的整体评价指标,如下表所示:

表 5-1　本单元的整体评价指标

评价目标	评级任务	评价标准	评价方式与评价工具
诊断学生对分子、原子的认识水平	能否根据实验建立起微观粒子模型;能否用微观粒子观点解决宏观实际问题	0分:主观臆断,不能建立起粒子模型,不能用微观粒子观点解决宏观实际问题 1分:能建立起微观粒子模型,但用微观粒子观点解决宏观实际问题不清晰 2分:能建立起微观粒子模型,能用微观粒子模型清晰地解决宏观实际问题	课前复习、课堂观察、实验探究、师生访谈
诊断学生探究物质结构的能力	能否根据科学实验探究物质的结构	0分:主观预测,没有思路 1分:能根据科学家的实验。认识到物质是由分子、原子构成的,但是建立不起相关联系 2分:理解科学实验过程,能根据实验探究,正确推导物质的结构	课堂观察、单元任务单、实验探究、作业、师生访谈
诊断学生从微观角度分析物质的能力水平	能否从微观结构的视角,解释物质的性质,并建立结构、性质和用途的关系	0分:对物质的微观结构认识不清,不能从微观角度解释物质的性质 1分:能从微观角度认识物质的性质。能关注物质的结构、性质与用途 2分:能够从宏微结合的视角解释物质的物理性质,能建构物质的结构、性质用途的关系	课堂观察、单元任务单、作业、课外小实验
诊断学生从微观角度对物质进行分类的水平	能否从微观视角分析物质,并对物质进行分类	0分:没有形成微观概念,不能从微观视角对物质进行分类 1分:形成微观视角,从微观角度对物质进行分类不明确 2分:能从微观视角对物质进行分类,并建立起宏伟结合的观点	课堂观察、单元任务单,师生访谈

依据单元整体评价目标和评价指标形成单元整体评价设计,评价设计围绕着核心概念展开,重在落实分子、原子与离子的核心知识,并使知识内容结构化,通过运用粒子观解决问题来提高学生的素养与能力,在单元整体评价的基础上形成

第三层级单元分课时作业,使学生逐渐建构出化学微观模型。

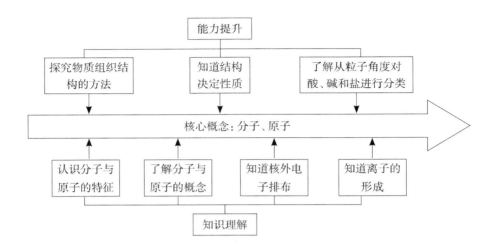

图 5-5　建构化学微观模型

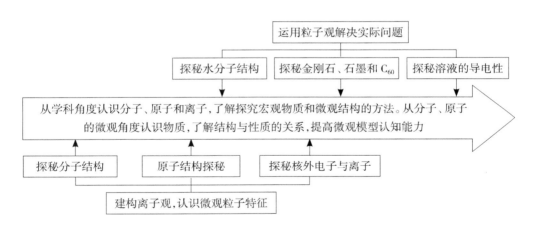

图 5-6　第三层级单元分课时作业

多层级视域下的大单元教学设计将教师和学生视为学习的进步者和共同建构者,从零散的知识走向相互联系,使学生理解化学各部分内容之间的内在逻辑关系,培养学生具有可持续发展的学习能力,使学生站在更高的视角理解初中化学知识体系,形成完整的知识结构,有效提高学生的学科素养。

第三节
初中化学大单元多层级教学的实践探索

初中化学大单元多层级教学,通过整合教学内容,改变教学方法,确定教学目标,围绕教学目标改进教学过程,在《课程标准》的基础上重构知识体系,避免了传统教材单元知识体系的碎片化,使教学更紧凑,实现初中化学教学对学生的能力培养和素养提高,引导学生的学习由能力到思维再到素养进行转变。实施大单元多层级教学,需要从教材整合,转变教学方法,确定教学目标和教学过程等方面入手。

一、大单元多层级教学的教材整合

教材整合首先分析知识间的内在逻辑关系,从学生学的角度整合、拓展和添加相关的内容,设计出初中化学教学内容的从属层级关系,完善学习序列。再依据《课程标准》中的一级和二级主题及教材内容,建立不同层级的教学目标和授课内容,使化学的知识结构与学生的认知过程相契合,起到大单元教学的"整体大于部分总和"的效果。

基于课程标准,及对学生的知识基础与能力水平进行充分调研的基础上,可以把教材内容进行整合。第一级主题是化学学科对学生的能力和素养要求;第二层级是第一层级的细分类;第三层级是第二层级知识的具体要求;第四层级是第三层级的知识与能力的拓展。这样整合以后的知识框架,使学生学习的知识内容系统且完整,也便于教师对教材内容的把握。下表是整合后的教材内容。

表 5-2　初中化学大单元多层级内容设计

第一层级	第二层级	第三层级	第四层级
科学与实验探究	基本实验仪器	试管、烧杯、量筒、酒精灯、玻璃棒、漏斗、铁架台等仪器的使用特点和用途	利用试管、烧杯、量筒、酒精灯、玻璃棒、漏斗、铁架台等仪器完成一定量氢氧化钠溶液和硫酸铜溶液反应的实验并过滤所得沉淀
	基本实验操作	药品的取用、固体和液体物质的加热、仪器的连接、检验装置气密性、仪器的洗涤	取一定量的碳酸钙固体和稀盐酸,组装仪器,进行碳酸钙与稀盐酸。把生成的溶液加热,给氢氧化铜固体加热
	实验室制取气体	实验室制取氧气、二氧化碳气体	探究实验室制取气体的一般步骤。确定反应原理、确定发生装置、确定收集装置;探究影响发生装置的因素;影响收集装置的因素;不同反应原理的优缺点
认识身边的化学物质	空气的组成	空气成分的测定、氧气的性质	拉瓦锡测定空气组成的实验;对教室空气中成分的测定;氧气的物理化学性质及用途;氮气的物理化学性质及用途;稀有气体的性质及用途
	水的净化与溶液	水的净化、溶液的形成、溶液的特征、溶解度、溶液的组成	物质的分离方法:沉淀、过滤、吸附、蒸馏;自来水厂的净水过程;通过自制净水器了解净水过程;溶液的形成、溶液的特性、物质的溶解性、固体物质溶解度及应用;利用溶解性自制冰糖。使用溶液的浓度表示溶液的组成
	金属与金属矿物	金属的物理性质、金属的化学性质、金属活动性顺序、金属的冶炼、金属资源保护	金属物理性质的通性;金属的活动性顺序及活动性顺序的应用;铁的冶炼设备、冶炼原理;金属资源保护和利用
	酸、碱、盐和氧化物	常见酸、碱和盐的物理、化学性质和特性;常见酸、碱和盐的俗名、用途;二氧化碳和一氧化碳的性质及用途	盐酸、硫酸的物理性质、酸的通性;氢氧化钠、氢氧化钙的物理性质与特性;碱的通性;碳酸钙、碳酸钠、氯化钠的化学性质;盐的通性;什么是酸、碱和盐;二氧化碳和一氧化碳的物理和化学性质;二氧化碳和一氧化碳的物理性质与化学性质;二氧化碳与一氧化碳的用途

续表

第一层级	第二层级	第三层级	第四层级
物质构成的奥秘	化学物质的多样性	金刚石、石墨、C_{60}的结构、物理性质和用途,以及相互关系	金刚石、石墨、C_{60}和石墨烯的结构探究;碳单质的物理性质与用途的资料搜集和探究;物质结构、性质和用途的关系
	微粒构成物质	分子、原子和离子的概念、特性和关系;原子的结构、原子结构的表示方法	分子与原子的定义;原子的结构;原子结构示意图表示原子结构;原子中各种粒子的数量关系;原子量的应用
	化学元素	元素符号、用元素符号表示物质组成	元素符号的形成与演变过程;用元素表示物质组成;元素与原子的关系
	物质的组成与分类	水的组成;混合物、纯净物、单质、化合物、氧化物的概念	通过化合反应和分解反应分析物质的组成;用化学式表示物质
物质的化学变化	认识化学变化	物理变化和化学变化;化合反应、分解反应、置换反应、复分解反应的含义	物理变化和化学变化的含义和变化的本质区别;化合反应、分解反应、置换反应和复分解反应的特点
	质量守恒定律	质量守恒定律的内容;根据质量守恒定律解决实际问题	质量守恒定律的内容,运用质量守恒定律计算物质质量、解释生活常见问题
化学与社会发展	化学与能量和资源的利用	燃烧的条件和灭火的原理;化学反应的吸、放热;燃料的燃烧和充分利用;新型能源的使用	燃烧条件和灭火原理的理解;用燃烧条件和灭火原理解释生活中的常见问题;化学反应的吸热和放热;人类利用放热反应解决生活中的问题;爆炸的发生;燃料的利用和充分燃烧;乙醇汽油、氢气等新型能源的利用
	常见的化学合成材料	有机化合物;合成纤维、合成橡胶和塑料的特性及用途	初步了解有机化合物的定义;认识合成材料;合成橡胶、合成纤维和塑料的特性与用途
	化学物质与健康	六大营养素;六大营养素对人体的作用;富含营养素的食物	了解蛋白质和糖类的简单化学式;蛋白质、糖类、油脂和维生素的生理功能;食物中富含的六大营养素

续表

第一层级	第二层级	第三层级	第四层级
化学与社会发展	保护环境	空气资源保护和利用；温室效应的形成；空气质量；水资源的利用和保护；白色污染	空气质量日报；温室效应；空气污染造成的原因和解决办法；水资源的污染；水资源的利用和保护方法；白色塑料污染造成的原因和防治方法

二、大单元多层级教学方法的转变

传统的教学方法不能充分培养学生的能力，大单元多层级的教学把教学方法转变成任务驱动和自主学习的方式，有利于培养学生的兴趣与素养，实现学生的深度学习。"我为口罩鼻梁筋做代言"就是基于"金属与金属矿物"这一内容而设计的任务式教学。根据第四层级的知识内容，整个教学单元会形成相关的很多小问题。如做口罩鼻梁筋的金有哪些物理性质？做口罩鼻梁筋的金属化学性质应该有什么特性？适合做鼻梁筋的金属应该有哪些？工业上如何实现量产？金属鼻梁筋的价格受哪些因素影响……

教师在学生的自主学习过程中渗透这些小问题，使学生在探究过程中逐渐了解金属的物理性质、化学性质、用途、性质与用途的关系、金属材料、铁矿石的冶炼等与金属等相关内容。这样的项目式教学使整个大单元知识完整而系统，更贴近生活来解决实际问题，学生对所研究的内容感兴趣、有动力。在学习中，学生还要调研金属的价格、口罩的设计样式、佩戴的舒适度、安全性要求等一系列实际问题，这培养了学生的创新意识和社会责任。

"我为防护服做代言"是在以上教学任务的基础上形成的另一个任务式教学内容。这一驱动任务是整个大单元任务的提升。该内容属于第一层级"化学与社会发展"的相关知识，涉及第二层级常见的化学合成材料、保护环境两部分内容。这一大单元内容难度不大，教师可以采用自主学习、小组讨论的教学方法。学生以小组为单位，布置任务，搜集资料，初步了解有机化合物的定义，了解合成纤维、合成橡胶和塑料的成分。在课堂上采用小组讨论的方法，教师让学生根据自己搜集到的资料发言，对于发言内容经过讨论得出结论。在做防护服的材料方面，学生探究塑料与无纺布哪种材质更适合。通过对防疫的认识及资料的了解，学生知道防护服可以用非织造材料，如聚丙烯粘布、聚酯纤维与木浆复合的复合材料、聚丙烯—熔喷—防粘复合非织造布（SMS）及高聚物涂层织物等，通过学生对资料的搜集和解读，使学生认识到化学对生活的重要作用和影响。

教学方法的改变是基于大单元不同层级知识内容的要求，通过项目式教学、自主学习、小组讨论，学生对化学学科的认知更加清晰，在学习过程中培养了学生的创新意识和科学精神。

三、大单元多层级教学目标和教学活动

大单元多层级的教学内容要涵盖化学核心知识的全部，有确定的认知领域和认识思路，能启发学生，受学生欢迎并具有挑战性。"微观世界探秘"这一单元学习主题是根据第一层级"物质构成的奥秘"而设计的。这一单元学习主题的课时安排可以设计成五个课题：课题 1 探秘分子原子；课题 2 探秘原子结构；课题 3 探秘离子的形成过程；课题 4 探秘水的组成；课题 5 探秘金刚石、石墨 C_{60} 和石墨烯。单元的核心概念是分子、原子，核心观念是从微观角度认识物质及其变化，核心素养体现的主要是宏观辨识和微观探析能力，以及证据推理和建立微观模型的模型认知素养。

这一学习主题涵盖了初中化学微观概念的全部知识体系，使学生对于这部分知识的认知更加系统和完整。基于单元学习内容形成单元学习目标：用分子、原子的概念解释物质及其变化，建立物质宏观与微观之间的认知联系，培养学生宏观辨识与微观探析的素养；用符号从微观角度表征物质，理解分子、原子与物质性质之间的关系。从微观角度认识物质的多样性；从分子、原子角度解释化学变化中的变与不变，培养学生的变化观念；初步认识原子模型，了解现象的本质，预测物质及其变化的可能结果，培养模型认知的能力，围绕着学习目标，形成了以下的教学活动内容。

表5-3 教学活动

课时	活动内容
探秘分子原子	学生搜集资料,以及做家庭小实验,寻找物质是由粒子构成的依据,并理解分子和原子之间的关系;寻找生活的现象证明粒子的特征;活动中展示小组的资料和物品
探秘原子结构	学生进行小品的角色扮演。学生自主学习科学家认识原子结构的思维过程,培养学生的模型认知能力。整个过程可以设计成让学生自主搜集资料,资料分享,归纳总结的过程
探秘离子的形成过程	引导学生认识原子结构示意图,通过探讨原子最外层达到稳定结构的情况,理解原子形成离子的过程。建立离子的概念
探秘水的组成	学生结合科学家研究水的组成等化学史素材,完成电解水的实验,分析水的组成及水分子中氢氧原子的个数比
探秘金刚石、石墨、C_{60} 和石墨烯	学生建立了较为完善的分子、原子的概念以及研究物质组成的方法,这门课学以致用。学生搜集材料,展示金刚石、石墨的物理性质和用途的资料。再通过讨论金刚石与石墨的结构,理解物质的性质与结构的关系。通过查阅资料,学生了解 C_{60} 和石墨烯的微观结构,体会物质的多样化

在学生进行自主学习搜集资料时,往往会盲目地查找资料或者汇报。因此,教师要帮助学生分析查阅资料和汇报的过程中能够让学生获得什么,而不只是让学生获得事实性的知识。在设计教学活动时注意统筹设计课上活动与课下任务也是改变教学方式的重要方法。

在第5课时"金刚石、石墨、C_{60} 和石墨烯"这节课的教学实践中,学生查阅了很多与石墨和金刚石有关的资料,涉及的范围非常广,基于学生的经验,他们关注的内容也各不相同。帮助学生分析哪些资料是常见的物理性质,哪些是金刚石与石墨的结构特点,就成为课前教师辅导的重点。从资料中提取出有实际意义的知识,这也是培养学生学习能力的过程。"金刚石、石墨、C_{60} 和石墨烯"这节课,要完成金刚石和石墨的物理性质与结构的关系,这一驱动性问题,教师就要让学生在课下先自主查阅资料,归纳总结出金刚石和石墨的常见物理性质及结构。该任务在课下进行,既为课上研讨奠定了基础,又让学生在查找资料解决问题的过程中获得一些基本的化学知识,为课上的研讨提供了一些基本的资料和认识。资料查找、社会实践、家庭小实验等,这些课下任务的设计与学习目标是一致的,有驱动性,还能服务于课上活动,提高了学生学习的积极性,也培养了学生的能力。

对于培养学生的学科核心素养及引导学生进行深度学习方面,初中化学大单元多层级教学有着其特有的优势。大单元多层级的教学设计还有很多内容要在实践工作中不断被完善,如教学评价的整合等。在不断的实践探索和理论研究中,提高了教师的理论和实践水平,也让学生真正体会到以素养为本的学习。

第四节
初中化学大单元多层级教学的实践案例

一、教学内容

第六单元课题 1 金刚石、石墨和 C_{60}。

二、软硬件环境

希沃一体机,Pad,互联网,人教版数字教材,普通教室。

三、教学前期分析

(一)教学内容分析

本课例教学内容为《课程标准》中"物质构成的奥秘""化学物质的多样性""微粒构成物质""认识化学元素""物质组成的表示"所涉及的内容。在本节课中,通过教师引导学生探究几种碳单质的结构、物理性质和用途,使学生认识化学学科的特点是从分子、原子的角度研究物质。教师通过树立学生的"粒子观"和"元素观",培养学生宏观辨识与微观探析的学科素养,提高了学生从微观角度认识物质及其变化的学科能力。通过本节课的学习,学生能从微观角度认识物质的多样性,了解物质的结构、性质与用途的关系,了解对我国科学家在石墨烯研究领域的贡献。

(二)学生特征分析

1.学生已有的知识储备和学习经验:通过教学中前几节课的学习,学生已经学习了氧气、水等物质的物理和化学性质,已经建立起粒子观,可以从微观角度解释许多宏观现象。

2. 学生已有的能力水平：通过前几单元的学习，学生已有了由现象推知性质、由性质了解用途的抽象思维能力，但对于结构与性质的关系并不清楚。通过前几章内容的学习，学生对物质性质的研究也有了一定的方法。

3. 学生的兴趣需求与分析：九年级的学生正值青春懵懂的阶段，对未知事物有了探索的渴望。这堂课的内容与生活联系紧密，容易激发学生的学习兴趣。教师引导学生注意观察身边的日常生活、搜集相关资料并适时加以归纳，学生学习的积极性会被调动起来。

4. 学生的发展需求与路径分析：本节课的内容与生活联系紧密，是学生渴望学习的化学知识，通过微观动画、生活实践、分析总结使学生初步建立物质性质、结构和用途的关系。

5. 学生学习本课时遇到的困难：学生对多种碳单质结构与性质的关系不了解；对同种元素组成的物质可能是混合物认识不清；对碳和炭认识不清。

（三）教学目标

1. 通过搜集整理资料和人教社电子教材的视频资料，使学生了解金刚石、石墨和 C_{60} 的物理性质、结构和用途。培养学生自主学习能力。

2. 通过讨论资料的分类依据，使学生进一步认识碳的几种单质的性质，学会处理信息的方法，培养学生的科学素养。

3. 通过讨论碳单质的结构、性质和用途，使学生认识三者的关系，学会从微观角度认识和分析物质的性质，提高学生宏观辨识和微观探析能力。

4. 通过小组合作学习，培养学生的集体精神与合作意识。

（四）教学重点

1. 宏观辨识与微观探析是化学学科的学科特点，学生会从微观角度解释多种碳单质的不同是这门课学习的重点。

2. 从分子、原子的角度认识物质及其变化，是化学研究物质的独特视角。教师要帮助学生厘清结构、性质和用途三者的关系，有助于培养学生模型认识的核心素养。

（五）教学难点

1.由于学生的粒子观初步建立，从微观角度认识多种碳单质的结构成为学生本节课的学习难点。

2.微观结构比较抽象，学生的思维水平有限，对于结构的空间想象能力不强，从微观结构特点来分析物质的物理性质是这节课学生学习的难点。

（六）教学策略

为了形成学生的深度学习，本节课是基于单元学习主题"微观世界探秘"的系列课程之一。该单元笔者设计了五节课：探秘分子、原子，探秘原子结构，探秘离子的形成，探秘水的组成，金刚石、石墨和C_{60}。通过这个单元学习主题，学生初步能形成粒子观，了解物质是由分子、原子和离子构成的，物质的化学变化是在原子的层面上重新结合的过程，建构起物质的结构、性质与用途的关系。培养学生的宏观辨识与微观探析的学科素养。本节课是大单元的实践课，把积累的知识运用到实际生活中，让学生体会化学对人类生活的重要作用。

教师主要采用了任务驱动法、自主学习法、讨论法、直观演示法等教学方法。学生根据教师布置的任务采用自主学习的方法上网搜集资料，课堂上学生再进行归纳总结发表见解，经过小组讨论得到结论。教师在活动中进行教学评价，做到教学评一体化。

问题1：在资料搜集和分析上：学生搜集了很多相关资源，但是内容重复性多、深度大，涉及不少高等化学的内容，基于现有的化学认知水平，学生分析起来比较吃力，归纳总结不到位。问题2：把归纳整理的信息进行分类上：学生在物理性质、化学性质、物质结构和物质用途几方面分类不准确。问题3：进行小组讨论的参与度上：部分学生的参与度不够，几乎全程都是某几个学生参与。问题4：结构与性质的关系引导上：学生用金刚石与石墨的微观结构特点解释金刚石与石墨的物理性质。学生通过自主学习发现这个问题并正确解释出因果关系，比较困难。

（七）教学环境及资源准备

人教社电子教材资源、希沃一体机、5G网络、Pad终端、互联网；金刚石、石墨和C_{60}的球棍模型。电池（1号电池，1个）、导线、小灯泡（1个）、2B铅笔芯（1

个），培养学生的国家自豪感和科学精神。

（八）教学过程

表5-4　教学过程

教学过程	教师活动	学生活动	设计意图	资源使用
导入新课，设置真实情景，激发学生的探究欲。学生观看《碳达峰和碳中和》及《购物之旅》	教师提出关键问题：为什么都是由碳元素组成的单质，他们的价格差别这么大呢	观看并思考	通过对"碳达峰和碳中和"的了解对学生进行思政教育，培养学生的社会责任。在视频中邀请三名同学到商场购物，分别购买，钻石戒指、2B铅笔芯、家用除臭活性炭三种碳单质。他们询问的付款价格是不一样的。这些都是由碳元素组成的碳单质，其商品的价格是不同的，这直观地反映出由同种元素组成的单质是不同的物质，引发学生们的思考	多媒体视频，学生通过观看视频引发思考，创设情境，引发动机
认识金刚石和石墨的物理性质与用途。使学生学会对搜集到的资料要提取有价值的信息，培养学生信息处理和归纳总结的及自主学习能力	教师引导学生对视频中的资料进行分析和归纳	学生观看有关金刚石和石墨的视频和文字资料，进行分析讨论。从视频和文字资料中获取有价值的信息。讨论后小组代表展示	通过观看金刚石与石墨的物理性质与用途的视频资料，学生从视频资料中选择有价值的信息，培养学生处理信息和归纳总结能力	这个环节观看录像和文字资料，可以重复观看，这比教师统一播放视频要有灵活性。起到了提供事实，建立经验的作用
认识物质的性质与用途的关系 1.教师引导学生通过小组讨论制定分类标准。学生对展示在交互白板上的每一条信息按标准归类 2.进行小组兴趣实验，做2B铅笔芯导电性的实验	引导学生进行通论和实验	1.讨论分类依据，并把归纳总结的信息进行分类 2.进行趣味实验 小组实验。组装仪器用品进行2B铅笔芯导电性的实验	学生进行小组讨论，对于白板上展示的信息，讨论出分类标准，即金刚石和石墨的物理性质和用途这两个标准。学生把白板上的信息按照金刚石与石墨的物理性质与用途进行归类	白板展示，归纳总结

续表

教学过程	教师活动	学生活动	设计意图	资源使用
认识物质的结构与性质的关系	视频展示金刚石与石墨的微观立体三维动画和每个小组配备的球棍模型,让学生标出金刚石与石墨与每个碳原子等距离的最近的碳原子个数,以此来加深金刚石和石墨微观结构的理解。提出关键性问题:结构与性质之间有什么关系?学生分小组讨论结构与性质的关系		了解金刚石与石墨的微观结构,知道不同碳单质其碳原子的空间排列方式不同,建立结构与性质的关系,培养学生微观探析与模型认知的学科素养	人教社数字资源三维动画展示金刚石和石墨的微观构型,起到了演绎原理,启发思维的作用
课堂评价。利用人教电子平台进行课堂测试	评价学生对物质的结构性质与用途的三者关系的掌握情况	学生在规定时间内完成测试,反思总结知识不足之处	在系统规定时间内完成测试,提交答案	利用人教社电子教材平台试题进行测试,起到了教学评一体化的作用
了解 C_{60}、石墨烯的结构、性质与用途	教师引导学生从资料中获取有价值的信息并,引导学生小组讨论,按照结构、用途,把有用信息进行分类。聆听学生的归纳发言。为了扩展视野,教师介绍 C_{70}、C_{260}、石墨烯等多种碳的单质,拓宽了学生的知识广度	学生学习课前通过网络、期刊等搜集到的有关 C_{60} 的结构和用途方面的视频和文字资料。对其中的信息进行提炼、归纳总结,并了解石墨烯等新型材料,学习科学家的创新精神。学生展示手抄报	1. 通过了解 C_{60} 及石墨烯的结构、性质和用途使学生认识物质的多样性。能准确地从众多资料中获得物质的物理性质、结构和用途等有用信息的能力 2 通过课前学生搜集 C_{60} 的视频及阅读书上文字资料,培养学生自主学习能力	观看人教社视频资源,进行学习

续表

教学过程	教师活动	学生活动	设计意图	资源使用
认识几种无定形碳的用途。进行小组实验红糖变白糖了解活性炭的吸附性，提高实验技能。观看用自制炭黑制油墨书写汉字，认识化学对生活的重要作用	聆听学生发言，引导学生认识无定形碳的用途，认识活性炭的疏松多孔的特性	1．小组代表发言，介绍课前搜集的有关无定形碳物理性质和用途 2．兴趣活动：白糖变红糖 3．观看《少年强则国强》的视频	1．通过对无定形碳用途的自主学习，使学生认识到化学对生产生活的重要作用。培养学生自主学习能力 2．通过实验红糖变白糖了解活性炭的吸附性，复习过滤操作，提高实验技能。感受到化学对人类生活的作用 3．通过对中国科学技术大学学生曹原在石墨烯技术上的贡献，鼓励学生热爱科学、拼搏进取，培养学生的社会责任和创新精神。对学生进行课程思政教育	视频展示，课件总结，起到展示实例，开阔视野的作用
课堂评价反馈	观察学生测评情况	进行测试	评价反馈是否目标达成	
课堂小结	引导学生总结发言	小组讨论本节课在认识物质结构、性质和用途方面的收获，组内进行小组表现评价	通过小结回顾学习到的知识，掌握核心知识内容。进行小组表现评价，做到"教—学—评"一体化	课件展示总结

（九）教学过程

这一阶段的学习笔者采用了单元学习主题的方式引导学生进行深度学习，本节课是单元学习主题的最后一节课。学生运用初步建立起来的粒子观，对物质结构与性质的关系进行分析，使其从微观角度分析物质的微观探析能力得以增强。

为了培养学生自主的学习能力，教师通过整节课的引导利用人教社数字教材资源提供了分析单质的微观和宏观视角，学生通过自己总结和归纳，体会自主学习的过程。

人教社数字化平台提供了视频、课程评价的资料，教师结合 pad 的使用使学生课上能重复观看相关内容，并进行小组讨论，提高了学习的有效性。

兴趣小实验让学生对于石墨的导电性及活性炭的吸附性和炭黑的用途都印象深刻,起到了实践与理论相结合的作用。

本节课的持续性评价,小组合作评价的进行,使教学做到了"教—学—评"一体化,教师能及时掌握学生学习的程度和状态,并及时调整教学进度。

学生在课前大量地搜集资料,并对资料中获取的信息进行分类归纳,培养了学生自主学习的能力和证据推理的素养。通过学生整理视频资料并对资料进行处理,以及小组讨论的过程,使学生学会研究元素单质的方法,培养学生的证据推理能力。教师在课前对学生搜集到的资料要给予理论上的支持,协助学生找到有价值的资源。

第六章
深耕教学：大单元多层级教学实施设计

大单元教学设计是在教材单元中的内容和其背后所体现的学科核心素养的基础之上，对教材单元进行深入分析，理解其中的核心概念、原理和技能，来制定本单元的单元教学目标和单元学习任务，综合多样化的教学方式而形成的教学方式，采用多种教学方法和策略，如讲授、讨论、实验、案例研究、小组合作等，以满足学生不同的学习需求。与传统教学设计不同的是，大单元教学设计首先要弄清楚的是学什么、为什么学、怎么学的问题，然后以某一主题为基本单位进行开展。通过主题的引入，教师可以激发学生的学习兴趣和好奇心，提高学习的动机和参与度。同时，主题的设定也有助于将教学内容进行整合和连接，形成知识的有机结构，促进学生对知识的深入理解和应用。

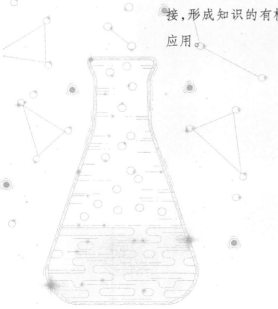

第一节
知识建构：通过微观大单元教学提升化学学科核心素养

"物质构成的奥秘"是《义务教育化学课程标准（2022年版）》中课程内容的五大主题之一，"微观辨识与宏观辨析"是化学学科核心素养。在实际教学过程中，可将零散的涵盖初中化学微观知识的内容加以分析、整合、重组、开发，形成更具结构性、系统性的大单元教学内容，帮助学生自主建构知识体系，提升其学科核心素养。

化学学科作为科学教育的重要组成部分，一直强调"将科学探究作为课程改革的突破口，激发学生的主动性和创新意识，促使学生积极主动地学习，使获得化学知识和技能的过程也成为理解化学、进行科学探究、联系社会生活实际和形成科学价值观的过程。"化学教学致力于通过化学知识的学习，培养学生在学科观念、学科思维、学科实践和学科价值取向等方面的核心素养。

例如，"物质构成的奥秘"是初中化学课程内容的五大主题之一，该主题的教学主要培养学生的"宏观辨识与微观辨析"这一核心素养，所辖内容也是初中化学最核心、最本质、最能体现化学学科特色的部分。人教版九年级化学的教材将该主题分散到了不同的章节中：从分子、原子，到水的组成和化合价，再到质量守恒定律，使学生逐步建立了化学的微观视角，培养了微观的思维方法；后续在碳和碳的氧化物、金属和金属材料、溶液、酸和碱、盐和化肥中，都渗透着从微观视角解决实际问题的观念。可以毫不夸张地说，微观思维的建构贯穿了整个初中化学，是化学学科的特点，也是培养学生学科核心素养的重要组成部分。能深刻理解和掌握化学的微观视角和思维模式，也有利于学生在高中阶段进一步的学习。

在教学实践中，有部分教师并不明白教材这样编排的目的，无法从更高维度检视所教授的知识,只能按部就班地按照教材的既定单元设置逐一讲解。学生难以将深藏单元内部的知识点有机地串联成一个整体,往往"只见树木不见森林",更不要说跨越上下册两本教材,主动建构一个整体的、统一的、完备而开放的知识体系,更不能培养和提升学生的学科素养了。

面对这样的教学困局,核心素养导向下的"大单元教学"设计应运而生。所谓大单元教学,是指基于学科核心素养、学生认知规律和学科知识逻辑体系建构的最小的学科教学单位,是以大概念为中心,对学习内容进行分析、整合、重组和开发,形成具有明确的主题、目标、任务、情境、活动、评价等要素的一个结构化的统筹规划和科学设计。大单元教学重点体现在对学科教学单元内容进行的二度开发和整体设计上。

大单元教学首先是一种教育思想,其次才是一种教学手段。因为零散的化学知识无法建构化学学科思维,零散的化学活动经验更无法养成化学学科素养。只有完成了思想的转变,才能在教学实践中切实践行到方方面面。大单元教学要求教师在进行教学设计时,必须立足高远,思维开阔,准确把握整个学段的教学内容,厘清前后教材、前后学段各单元知识之间的联系,并结合本学段学生的学情特点,依据学科核心素养的要求,将分散在各教材单元中的知识点抽取出来,加以分类、重组、整合,突出课程内容的主线及知识点之间的联系性,形成新的大单元教学的学习内容。

实践大单元教学,不仅有利于教师实现"知识为本"教学向"素养为本"教学的转变,更有利于学生摆脱在学习中的被动地位。在大单元教学过程中,学生能主动发现、理解知识,结合自身已有的经验,适当迁移,通过与外界的互动将新知识与旧认知有机地联系起来,内化为自己认知结构的一部分,最终建构一个完备而开放认知体系。

图 6-1　知识的内在结构模型

一、理解掌握"符号表征"

"符号表征"即指"知识的表现和传播形式"。元素符号和化学式是最具化学特色的"符号表征"，是由宏观理解到微观迁移的过渡。初中生的认知水平恰好处于从具体到抽象的过渡阶段，初步具备了进行抽象思维、处理假设性问题和思考的可能性。在这一阶段的教学中，教师要注意避免机械地死记硬背，而应将宏观与微观有机结合起来，给学生提供"范式"，帮助理解和掌握，进而开展后续的学习。

表 6-1　微观"符号表征"的范式学习

一个 ● 代表一个氧原子，请完成下列填空。

微观模型	●	●●			●● ●●
化学符号			20		
微观含义		一个氧分子		三个氧分子	

如此范式还可在大单元的其他环节中不断呈现，引导、帮助学生建立起"宏观辨识和微观辨析"的化学学科素养，形成独特的看待事物、看待世界的角度。

这种"模型—符号—含义"的范式还有利于学生头脑中由具体到抽象的高阶思维建立，更为顺畅自如地过渡到抽象为主的高中学段化学学科的学习中去。

二、深入内化"逻辑形式"

"逻辑形式"即指"认识知识的方式与方法"。许多学生在经过反复练习后，都能掌握初中常见微观粒子及化学式的书写，但对于符号背后所运行的逻辑的理解则浅尝辄止，至于符号所代表的深层次的微观意义及化学学科素养"宏观辨识与微观辨析"更是一头雾水。这就导致学生对微观的理解仅限于第三四单元，失去了对知识功能和联系的理解，失去了对化学知识、化学学科核心素养的掌握。

例如，在第三单元的学习中，学生掌握了关于微观粒子构成物质的知识，能说出氯化钠由氯离子和钠离子构成。但在进行"溶液的形成"这一课的学习时，对于知识点的理解仅限于表面文字和符号的理解，未深入内化其中的化学逻辑形式。唯有通过大单元教学，将微观这个大概念深入内化到学生思维的方方面面，才能让学生建立更为深层的逻辑思维，并对宏观辨识与微观辨析有更加透彻的理解和掌握。

三、自主建构"意义系统"

"意义系统"即指知识与人的发展之间的一种价值关系。在掌握了符号表征、内化了逻辑形式后，学生对微观大单元已经有了更为丰富和多元的视角，也积累了大量知识。法国的卢梭在《爱弥儿》这本书中提到："在普遍的真理中有一条锁链，通过这条锁链，所有一切的学科都跟共同的原理联系起来，一个接着一个地发展……"教师的任务不仅仅在于教给学生知识和真理，更在于要培养学生打造这条"铁链"的本领，使学生能在头脑中建构出独属于自己的知识体系，具备自主建构的能力。

大单元教学打破了原有教材固定单元模式的桎梏，以大概念为核心，将知识呈现在学生眼前，这就需要学生跳出"被动的接受者"这个角色，主动思考知识之间的联系，再基于原有的旧经验、旧知识，生成新的意义、建构新的理解。在这新的意义、新的理解中，有一些是连教师也会眼前一亮的惊喜，如有的学生在"微观大单元"的理解中，加入了"结构决定性质"一项，并把第十二单元中的微小知识点"链状结构与热塑性、网状结构与热固性"结合其中。

在这样的大单元教学中，教师既是领路人、范式的提供者、思维的引领者，也是受教者，在与学生教学相长中持续开拓自己的思维，不断丰富自己的知识结构，让教学永远充满动力、充满活力。

　　针对初中化学零散的知识点,采用大单元教学加以重组整合,进而培养和提升化学学科核心素养,不失为一种良好的教学策略,有利于学生在学习过程中主动性和建构性的培养。同时,对教师的能力提出了更高的要求,需要教师的知识储备更加丰富,思维视野更加开阔,在教学实践中与学生教学相长,不断调整,以达到最佳的教学效果。

第二节
创设情境：大单元多层级视域下的授课策略

一、课题内容

以"碳中和"为背景的 CO_2 性质和转化的复习。

二、教学内容分析

众所周知，化学是人类利用自然资源和应对环境问题的重要科学依据。本节课是大单元环保主题下的课例。在中学化学新课标中明确表示，化学可以对人们的生活进行改善，在人与自然共同协调可持续发展、环保等方面具有非常重要的作用。"CO_2 及其相关化合物"是初中化学的核心知识之一，涉及的知识点多、知识面广。《义务教育化学课程标准（2022 年版）》引导学生认识科学（Science）、技术（Technology）、社会（Society）、环境（Environment）的相互关系，即在 STSE 教育思想引领下，使学生"了解自然界中的碳循环""知道温室效应，了解防止温室效应进一步增强应采取的措施"，知道碳及其化合物在自然界中可以相互转化，对保持人类生活与自然环境生态平衡的意义。所以，在初中教学中重视 CO_2 相关知识的认知建构，挖掘其中所蕴含的思政资源和落实核心素养上具有重要的现实意义。从化学教科书的设计编排看，涉及 CO_2 和碳的化合物的内容有第二单元"空气的成分"，通过实验让学生了解"我们的呼吸作用"；第六单元"CO_2 的性质和用途"，让学生学习"CO_2 对人类生活和环境的影响"，初步了解温室效应和低碳生活的含义，从大气中 CO_2 的产生和消耗途径，了解"自然界中碳循环是怎样进行的""化石燃料燃烧对环境有何影响"；第十单元"酸和碱"和第十二单元"盐"也有涉及 CO_2 与可溶性碱溶液的反应，以及常见含碳盐的相关性质和它与 CO_2 相互转化的反应原理知识。教材中"碳及其化合物"相关知识的呈现是分散式的、点阵式的、渐进式的,而且教学时空跨度大。

通过之前新课的学习,学生已经储备 CO_2 的相关知识,具备元素观,并有简单的实验设计能力,分析问题能力。但是因为知识的零散性,尚未建立起解决真实情境问题的能力。结合当今前沿教育方向,笔者以"碳中和"为背景的 CO_2 性质和转化的复习为实践,以结构化问题情境作为主线,设计问题不断驱动学生思考,推动学习内容,运用所学知识解释和解决情境中的问题。最终在大单元教学中形成环境保护这一大概念。这节课创设"CO_2 及其相关化合物与环境的关系"的情境在落实核心素养和思政目标上的应用。

三、学习者分析

初中生对如何减缓温室效应、碳中和等社会性科学议题比较陌生,保存在学生头脑中的化学知识,不能随时提取加以应用,这样的知识是一种非活跃状态的知识。学生应用知识解决情境问题出现了困难,究其原因为在初中的教学实践中,大部分教师更注重强化双基,即基础知识和基本技能,而有意无意地忽略学生应提高学科素养水平和树立正确的思想政治意识。

四、学习目标确定

1. 学生通过小组讨论总结碳循环,在生态循环中理解"碳中和"的含义,即二氧化碳"零排放"。学生能够深刻体会维持自然界中 CO_2 含量与含碳物质之间的转化平衡,通过大单元环保主题的学习,从而建立自然界物质的转化观、平衡观和元素守恒观,树立变化观念与平衡思想。

2. 通过视频学生感受温室效应加剧的危害,培养科学态度与社会责任。

3. 通过团结协作,找全 CO_2 性质和用途,并建构 CO_2 性质和用途认知模型,培养学生合作共赢的理念。同时,加深学生对结构决定性质的化学思想。

4. 学生能从减少碳排放、开发新能源和 CO_2 转化等方面分享每组经验,积极参与相关化学问题的动手实践,学生兴趣浓厚、主动参与度高。学习科学家勤于钻研的研究精神,培养科学探究精神和创新意识。

五、教学过程

表 6-2　教学过程

	教师活动	学生活动	活动意图说明
学习活动设计	【驱动性问题1】什么是碳中和	无论是人体、生物、植物、岩石、大气、水等都存在碳元素,它们都是以什么形式存在 1. 小组讨论,用化学用语展示小组总结出的CO_2为核心的含碳化合物在自然界生物圈、水圈、岩石圈中的转化关系如下: 光合作用 CO_2 生物圈 $C_6H_{12}O_6$ CO_2 水圈 H_2CO_3 CO_2 岩石圈 $Ca(HCO_3)_2$ $CaCO_3$ 呼吸作用 2. 学生完成碳循环中的所有方程式的复习和书写	融合生物、物理、地理的相关知识,培养跨学科思考问题的思维。学生能够深刻体会维持自然界中CO_2含量与含碳物质之间的转化平衡,从而建立自然界物质的转化观、平衡观和元素守恒观,树立变化观念与平衡思想 思政目标:通过小组讨论合作,培养团结协作意识。从碳循环分析碳中和,感受世界是物质的
	【驱动性问题2】为什么要提出碳中和这个概念	1. 通过时政新闻和国际公约提出的背景,感受气候变化的严峻性。观看CO_2过量的危害视频,推荐学生课下观看环保电影《难以忽视的真相》和《辛瑞》 通过学生课前搜集的材料,每个小组成员汇报可能产生过量CO_2的路径,如化石燃料的燃烧、动植物呼吸作用、食物发酵腐烂、汽车及工厂排放尾气等 1. 小组讨论 2. 学生依据CO_2的性质将用途总结如下: (1)CO_2不支持燃烧且密度比空气大,可用于灭火,是常用灭火剂 (2)CO_2能溶于水,并能跟水发生反应,生产碳酸饮料、啤酒等 (3)CO_2沸点低。固态的CO_2即"干冰",可作制冷剂,可用于人工降雨,还可以做食品速冻保鲜剂	此时,学生能够深刻感受到碳中和对构建人与自然生命共同体的重要意义。低碳行动迫在眉睫,不仅中国在关注,国际也同样关注,增强国际合作意识。同时,再次加深自然界存在平衡,初步用辩证的观念认识物质,平衡一旦被破坏,将会对人类和自然生物造成不可逆的伤害。同时,学生们已经陷入对CO_2负面作用的困惑中

学习活动设计	【驱动性问题3】这些过量的 CO_2 从何而来？ 【驱动性问题4】的确 CO_2 过量会对地球带来灾难。CO_2 也有可爱的一面，它其实对我们也很重要。那么我们就来回忆一下它有哪些性质，对应又有哪些用途 【驱动性问题5】如何降低 CO_2 的排放？有哪些路径实现？可不可以变废为宝	（4）现代化仓库里常充入 CO_2，防止粮食虫蛀和蔬菜腐烂，延长其保存期 （5）化工上 CO_2 是一种重要原料，大量用于生产纯碱（ Na_2CO_3 ）、碳酸氢钠（ $NaHCO_3$ ）、尿素 $[CO(NH_2)_2]$ 、碳酸氢铵（ NH_4HCO_3 ）等 （6）在农业上，CO_2 作为肥料增进植物的光合作用，促进农作物生长 1. 生活中减少碳排放的方式有很多，如及时关灯，夏天空调温度不要调太低等。对于我们生活中有些必不可少的生活活动，产生不可避免的碳排放该如何处理呢？学生意识到要增大 CO_2 的吸收，植树造林是轻而易举想到的措施，那么学生所掌握的碳中和化学技术有哪些呢？这则为学生的知识盲点。所以采取课前让每组成员搜集材料，其中有图片、视频和文字 2. 以小组汇报的方式展示学生们的成果。能源转型、人造树叶、CO_2 转化为淀粉、国华电力采用先进吸收法工艺实现 CO_2 的捕集和封存、CO_2 超临界制冷泵技术研究	学生一方面审视自己的生活方式；另一方面意识到要增大对 CO_2 的吸收。培养学生严谨的科学态度和探究精神。思政目标：激发学生对生态环境的思考 学生意识到要正视 CO_2 的存在，任何物质都具有两面性，即矛盾的对立统一。使学生用辩证的眼光看待问题，培养勤于钻研、严谨求实的科学态度 学生能对与化学相关的社会热点问题作出正确的价值判断，认识到化学在促进社会可持续发展中的重要作用，增强人与自然和谐共生意识，深刻感受到我国在科技发展进程中的贡献，增强民族文化自信和爱国情怀。同时，通过对自然的观察获得灵感，懂得渗透世界是物质的，物质决定意识，意识反作用于物质的哲学思想

六、教学反思

依托教材，整合归纳 CO_2 及其相关化合物内容，在 STSE 教育思想引领下，创设与学习内容相关的和贴近学生实际的结构化问题情境，建立知识点之间的逻辑关系，让学生的思考和参与贯穿整个课堂，学生不仅掌握了知识，提高综合解决问题的能力，深刻感受知识的价值和科技的无穷魅力，培养"绿色化学"思想，增强民族素养。最终达到思政思维齐头并进，实现人文科学双翼齐飞的目的。

第三节
注重实践：大单元多层级视域下的实验教学

　　《义务教育化学课程标准（2022年版）》（以下简称《课程标准》）提出了"重视学生的发现学习、探究学习、研究学习"的观点，积极倡导以探究为主的实践活动。教师引导学生进行化学实验探究是实现新课标目的的重要途径。笔者以"二氧化碳制取的研究"为例详细阐述了引导初中生进行化学实验探究的实施过程：收集资料进行实验设计和验证，归纳并评价实验结果、练习拓展以及探究后的反思。因此，引导学生做好化学实验探究是实现化学学科探究性学习的重要方法，也是新课标的目的所在。

一、初中化学实验探究初探

　　《课程标准》中提出了"重视学生的发现学习、探究学习、研究学习"的观点，目的是以培养学生的科学素养为宗旨，积极倡导以探究为主的实践活动。而化学是一门以实验为基础的自然科学，引导学生进行实验探究是实现新课标目的的重要途径。通过实验探究可以提高学生学习化学的兴趣，培养学生的创新思维，提高学生分析问题、探讨问题、解决问题的能力。实验探究式教学模式的构建，也充分体现了学生自主学习、全员参与的思想。

　　实验探究的过程，按照"搜集资料—设计方案—实验验证—对比探究—小结归纳—练习拓展—实验后反思"的顺序进行。其中收集资料是探究的基础，设计方案是探究的过程，实验验证是探究的依据，对比归纳是探究的结果，练习拓展是探究的升华，实验后反思是探究的灵魂。以下就是笔者引导学生进行化学实验探究的具体实践过程。

（一）通过收集资料进行实验设计，并在此基础上进行实验验证

《课程标准》提倡从生活走进化学、从化学走向社会。学习化学的兴趣是学习化学的主要动机之一。在讲授"二氧化碳制取的研究"这一部分时，课前让学生用家中现有的器具和已掌握的化学原理进行家庭小实验，制取出二氧化碳，并要求学生们写出实验方案、实验过程、实验现象、实验结论及实验体会。让学生感受到探究的乐趣。课上，笔者让各小组展示其制取二氧化碳的实验装置，一边做实验一边讲解探究的过程。各小组实验方案各不相同，甚至有的小组有多种方案，实验的用品更是五花八门。用医用吊瓶、各式各样的玻璃食品罐充当反应容器；用水笔芯、自行车气门芯、吸管代替导气管；而用橡皮擦、橡皮泥、小木块加橡皮筋代替橡胶塞。实验过程中的针筒、衣服架、瓶盖等，都成了学生手中的实验仪器；醋、食用碱、装修用剩的大理石等都成了实验用的药品。

学生对实验现象的描述极为详尽。他们热情高涨兴趣盎然，教学现场学习气氛浓厚。这些实验不一定都正确，但都是他们通过查阅资料探究得出的。在每组进行实验验证的演示时，笔者对学生实验的错误之处及时加以更正和积极的启发诱导，使学生对制取气体的一般设计思路有了更深的了解，这对后面探究实验室制二氧化碳的装置起到了铺垫作用。

教师在上实验探究课前也要做好充分的仪器准备。如本次探究笔者准备的仪器有：锥形瓶、平底烧瓶、烧杯、试管、集气瓶、长颈漏斗、带孔的塑料薄片、双孔（或单孔）带直导管（或弯导管）的胶塞、水槽、酒精灯、铁架台、干燥管、底部有小破孔的试管、广口瓶、U 形管、带孔的塑料薄片、铜丝、玻璃珠、胶塞、导管、止水夹等。探究制取二氧化碳气体的实验室装置时，由于有家庭小实验和实验室制氧气的基础，学生很快归纳出：要用固液混合不加热制气体的装置，并用瓶口向上排空气法收集气体。应用教师提供的实验仪器，学生先进行小组内的实验设计。各小组很快能设计出实验室用过氧化氢制氧气的实验装置制二氧化碳。

由于所用固体药品的状态不同（即粉末与颗粒），笔者引导学生探究是否可以用长颈漏斗代替分液漏斗组装仪器，并总结出使用长颈漏斗时要注意的事项，如液封、如何检验该装置的气密性等。由于是通过动手进行探究，学生们深刻体会到药品性状的不同对实验装置起着决定性的影响,也对实验室制取二氧化碳的实验装置有了更透彻的理解和掌握。

（二）对比归纳并评价实验结果

学生通过不同组实验设计的对比,更能深刻体会实验的目的、可操作性与合理性。如本次实验设计和验证后笔者让每个小组向全班展示本组的实验,并让每个学生给其他小组打分,由分数高低来评价实验探究的优劣。评分的标准可以是:检验气密性的方法是否合理,药品加入的位置是否得当,控制反应的发生和停止是否方便,是否便于收集,本组装置最大的优点是什么,等等,评价的标准可以由学生共同探讨得出。评价的标准越细越具有可操作性,打出的分数越合理,也更具有说服力。学生们在评分时非常投入,一分的得失有时都会争论半天。这极大地激发了学生浓厚的学习兴趣,让每一个学生的视野不局限于本组,起到了互相取长补短的作用。引导学生做实验后的对比和评价是对实验探究的良好总结,提高了学生分析问题、探讨问题、解决问题的能力。

（三）练习拓展

在实验对比评价的基础上,对实验的练习拓展是整个实验探究的深入和提高。如在"二氧化碳制取的研究"中,笔者引导学生进一步思考除了运用常规的仪器装置外,能否考虑用破试管、干燥管、玻璃珠、U形管、玻璃珠等仪器代替原有仪器,设计出合理方便的实验装置。通过引导,学生用所给仪器设计出了很多种装置。其中,比较有代表性的有如图所示的三种:

图6-2　实验室制取二氧化碳的变形装置

教师可以同时提出诸如为什么此装置中要用玻璃珠而不用铁丝代替,反应开始和停止如何控制等问题来加深学生对装置的理解。多种仪器的使用极大地开阔了学生的视野，使他们对这部分内容的学习乐在其中、回味无穷。通过练习拓展学生全面掌握化学实验装置的原理，对深刻挖掘学生的潜能和创造力起到了良好的教学反馈作用，是实验探究的升华。

（四）探究实验后的反思

实验后的反思有教师引导下的学生反思，也有教师的教学反思。在教师引导下的学生反思是学生的自我反省过程，同时也是学生的提高过程。通过反思，学生对实验探究目的再次明确，对探究式学习逐步适应，对知识点重复巩固，对实验原理实验过程加深印象。教师也可以让学生写出实验探究后的体会或实验报告，以文字的形式与教师交流。

教师的教学反思一般可以从教师自身以及学生在实验过程中出现的问题等方面进行。例如，笔者在本次试验探究后的教学反思：根据初中生的年龄特点，他们有时不能完全独立进行实验探究活动，所以我要在实验探究的内容和探究的方法上及时加以引导，引导学生投入到探究活动中来。在实验探究过程中，有的小组只是在盲目地做实验，没有一定的计划性和目的性；有的小组在实验设计方案有明显漏洞；实验时学生常常不拘小节，细小的不规范操作时常出现。如倾倒液体时标签朝上，取完药品后瓶塞没有及时盖上等，虽然上述现象对实验并无大的影响，我也应及时纠正，以培养学生良好的实验习惯，形成规范的操作技能。有的学生对化学实验存在恐惧心理，害怕动手做实验，自己待在一旁。

针对这样的学生，在以后的实验探究中我要提前对他们进行心理疏导，帮助学生消除恐惧心理，可以手把手地教会学生基本的实验操作，鼓励学生大胆实验，让所有的学生都能动起手来。

此外，在进行现象观察时，我还应及时提醒学生注意不要放过任何微小的现象，强调观察到的现象和测得的数据要及时并如实记录，实事求是，不能仅凭书本知识而不顾实验事实猜想现象。在实验探究实践中还要更多地鼓励学生对实验提出各种改进方案，努力创设一种边实验边研讨的氛围。在这堂探究课中作为教师，我应当做好探究的"向导"，要融入学生的探究活动中，及时给予学生必要的帮助和辅导，为后面的知识整合及教学安排提供具体的学习情况。通过实验探究的反思教师要不断学习扩充知识,调整自己的知识结构和体系,为日后的教育教学工作总结经验。

在整个实验探究的实践过程中教师是一位引导者和参与者,要注意对学生的启发,引导学生反思自我,让其动手、动口、动脑,使之明白要学什么和获得什么;指导学生设计恰当的实验;协助学生寻找、搜集和利用学习资源;帮助学生营造和维持探究过程中积极的心理氛围,从而让学生发现自己所学东西的意义;引领学生对实验的过程与结果进行评价。学生通过实验探究,增强了学习化学的兴趣,同时也体会到在实际操作中需要考虑反应条件、装置要求、环保等方方面面的实际问题。实验探究的整个实践过程既增强了学生学习化学的兴趣又培养了他们严谨求实的科学态度和积极向上的创新精神,引导学生做好化学实验探究是实现化学学科探究性学习的重要途径,这也是《课程标准》的目的之所在。

二、新课程下中学化学的实验探索

新课程十分重视化学实验及其教学,将实验探究作为科学探究的重要形式。中学生对实验有着浓厚的兴趣。要做好化学的实验教学,充分发挥学生的积极主动性,锻炼学生的动手能力,加强实验技能培训,培养学生合作学习的能力,关注学生理解知识时的最近发展区,理论联系实际,正确提问引导,提高自身教学水平,提高教学能力。

传统的化学教材编写是以知识的逻辑顺序、学生的认知顺序、学生的心理发展顺序为原则编写的。而人教版初三化学新教材综合考虑了知识的逻辑顺序、社会需求和学生的认知规律。科学探究精神贯穿其中,新教材有利于学生科学素质的培养。新课程标准中提出:化学是一门以实验为基础的科学,在教学中创设以实验为主的科学探究活动,有助于激发对科学的兴趣,引导学生在观察、实验和交流讨论中学习化学知识,提高学生的科学探究能力。化学实验对于化学课程目标的全面落实具有重要的作用。新课程指导下的实验教学就要以学生为主体、以科学探究为手段、以实践创新为目标,激发学生的学习兴趣,提高学生的科学探究能力。在教学中笔者进行了以下探索:

（一）关注实验过程，突出学生主体作用

化学实验的目的，不但要获得正确的实验结论，还要使学生的体验获得实验结论的探索过程。由于受应试教育的影响，许多教师在观念上，对化学实验教学的功能认识不足，为应试而教，为应试而学，有教师认为与其花时间让学生做实验、进行科学探究，不如教师"讲实验"，学生听实验和背实验来得实在，这样能起到"立竿见影"的效果。生动活泼的实验活动，变成僵死呆板的条条框框。教师在演示实验教学中，只要求学生机械记忆仪器名称、实验步骤、现象要点，而学生的分组实验只强调实验操作技能的训练和实验现象的记忆，学生只是从简单认识和机械记忆中获取知识，而对于为什么做实验、怎么做、实验的目的、实验中问题的处理、问题发生的原因等考虑得较少。教师在实验过程中忽略了诱导学生，没有把在实验观察时激发起来的兴奋中心，及时转移到认识变化的实质上来，抹杀了学生学习化学时的学习兴趣和个性思维，也忽视了化学实验所蕴涵的思想性、探究性和发展性的功能。

新课程从内容、形式等方面对化学实验提出了新的要求，强调化学实验是中学生科学探究的重要组成部分，这为发挥学生学习的主体性、自主性和主动性创造了充分的条件，因而教师必须转变传统的观念，要认识到化学实验并不是为了验证实验结论，不是简单的实验技能模仿，要充分认识实验在化学科学发展和学生能力培养中的重要作用。教师要关注实验过程，突出学生主体作用，从学生参与实验准备开始引导学生对给定的实验方案进行思考。

该方案是否可行？有无自己的想法？有无更科学简便的方案？在实验操作中，可以按照书本上的要求，也可以按照自己的想法进行实验。例如，笔者在讲第四单元第一节"质量守恒定律"时，让学生针对已有的化学反应：白磷的燃烧、铁与硫酸铜溶液的反应、碳酸钠与稀盐酸反应、镁带的燃烧这四个反应进行实验设计，要求能证明在化学反应前后参加反应的物质和新生成的物质质量总和相等。学生设计了多种实验方案，代表性的有几种：仿照空气中氧气含量的测定，把白磷放在燃烧匙里，称量白磷和燃烧匙、橡胶塞、集气瓶的质量后，把白磷在空气中点燃，再伸入集气瓶中盖上橡胶塞；另一种是把未经打磨的铁钉和硫酸铜直接进行反应;还有的学生不知如何同时测量碳酸钠粉末和稀盐酸的质量;有的学生只知道测量镁条的质量而不能设计实验收集氧化镁测出氧化镁的质量等。

针对这些情况笔者与学生进行讨论,分析出白磷如果在空气中燃烧再盖上橡胶塞就会有一部分生成的五氧化二磷散失在空气中,使反应物的总质量损失这样就无法证明质量守恒。引导学生明白,白磷应该在容器中点燃,生成的白烟不能有损失。再进一步引导学生设计出教材中的实验方案,并指明长玻璃导管、气球和锥形瓶内细沙的作用,使学生对白磷燃烧证明质量守恒定律有一个整体的认识。对于铁钉未经打磨就进行试验的问题,笔者引导学生先进行试管实验,使学生确实感受到带有氧化膜的铁钉反应较慢的原理。对于碳酸钠粉末和盐酸反应及镁条在空气中燃烧,笔者引导学生认识了密闭容器对于验证质量守恒定律的重要意义。通过这种探究过程,学生自己的想法得到了验证的途径,对实验的思考也落到了实处,既提高了学习的自主性和积极性,又强化了教学效果。

（二）重视实验设计,培养学生的探究能力

化学实验设计是培养学生科学思维能力的一种行之有效的方式,它不仅能促进学生掌握化学实验技能和方法,进一步体验实验探究的基本过程,还能意识到实验在化学科学研究和化学学习中的重要作用,掌握科学的认知方法和思维策略。在实验设计教学中可以抓住某些侧重点展开思维训练,引导学生从某些典型的实验探索入手,再上升到一般性、规律性的认识,逐步提高学生思维品质的层次。实验设计过程也是编织化学知识网络,构筑化学知识框架的过程。化学实验设计的教学过程,自始至终都充满着培养和锻炼学生科学思维能力的契机。

中学化学实验中存在许多案例,它或要求注意加入物质的顺序,或要求注意加入物质的浓度等,这些都可以成为实验设计的例子。教师应主动发现契机,及时提出问题来设计实验。如在学习"酸碱盐"部分时有一种鉴别题,即有 NaOH、$CuSO_4$、HCl、NaCl 四种物质,要求不用其他试剂只用组内物质间的相互反应就能将其鉴别出来,写出鉴别顺序和现象。笔者把这道题作为例题,让学生设计实验进行鉴别。在该实验设计的过程中,学生必须运用已经学习过的相关知识,如检验或鉴别物质的性质,首先,要对所要检验的物质进行外观观察,初步猜测物质种类（如蓝色溶

液是含有 Cu^{2+} 的 $CuSO_4$ 溶液）。其次，应用组内物质间的相互反应。即其他无色溶液各取少量置于试管中，分别滴加少量 $CuSO_4$ 溶液，有蓝色沉淀生成的是 NaOH 溶液。再次，检验 HCl 和 NaCl 两溶液学生就遇到了困难。因为 NaOH 溶液和盐酸发生反应但无现象，用 NaOH 溶液就不能鉴别出。笔者引导学生进行实验让学生从产物中寻找鉴别 HCl 和 NaCl 的试剂。学生选择了前一反应的生成物 $Cu(OH)_2$ 进行鉴别。通过以上的实验设计和探究，使学生对这种鉴别题有了深刻的印象。

学生不仅学习了化学知识，还体验了科学探究的乐趣和培养实验能力。进行实验方案的设计还锻炼了学生对于实验的基本思维过程：明确实验目的和要求，设计实验，选择实验仪器、药品，观察实验现象，处理实验问题，分析概括，得出结论。对发展学生学习化学的情感态度和价值观以及促进学生科学素养的发展有着极其重要的意义。

（三）走进生活，注重家庭小实验

新教材中有很多家庭小实验，新课程要求在教学中多联系化学在日常生活、工农业生产等方面的应用，创设生动的学习情境，引导学生用多种方式获取化学知识，认识化学与人类生活的密切关系，使学生认识到学习化学的重要意义。例如，在讲"水资源保护"一节中有家庭自制净水器的家庭小实验，通过实验让学生掌握自制净水器中纱布、小鹅卵石、石英砂、活性炭、蓬松棉的作用。在学习几种常见的碳单质时有自制炭黑的实验，笔者让学生在家自制一些炭黑，用水调制成墨，制成墨汁，增加了学习化学的趣味性。

学生通过学习体会到化学与日常生活息息相关。由于贴近社会和生活实际，该实验使学生感到亲切，极大地吸引着学生的实验兴趣和创新欲望。在讲解"溶解度"一节时，盐田中的氯化钠溶液经晾晒达饱和结晶析出，笔者带领学生到盐场亲临其境，让学生感受不饱和溶液经蒸发水分后达饱和有晶体析出的过程，学生加深了印象。学生们体会到生活、生产中处处有化学，化学就在身边，认识科学、技术和社会之间的相互关系，从而激发学生科学探究的兴趣。

新课程的实施要求化学教师要更加注重化学实验教学，通过实验激发学生的创造性思维。新课程理念下的化学实验教学，要求教师改变教育观念，教师在教学中不断总结经验,多揣摩教材内容,理解含义,充分调动学生学习化学的积极性,激发学生学习化学的兴趣,利用实验探究方法提高学生的创新能力和科学素养。

三、新课程下中学化学的实验教学

新课程十分重视化学实验及其教学,将实验探究作为科学探究的重要形式。中学生对实验有着浓厚的兴趣。要做好化学的实验教学,教师应充分发挥学生的积极主动性,首先要锻炼学生的动手能力,加强实验技能培训,培养学生合作学习的能力;关注学生理解知识的最近发展区;理论联系实际,正确提问引导;提高自身教学水平,提高教学能力。

新课程注重课程进行时师生的互动,将学生作为学习的主体,《课程标准》明确提出,化学实验是学生学习化学、进行科学探究的重要方式,通过以化学实验为主的多种探究活动,使学生体验科学研究的过程,激发学习化学的兴趣,实验内容更贴近学生的思维过程,教师应如何进行实验教学呢? 笔者在教学中体会到以下。

(一)锻炼学生的动手能力,加强实验技能培训,培养学生合作学习的能力

由于长期受应试的影响,学生是通过笔试进行考查来体现实验能力,所以有不少教师认为学生分组实验可做可不做,采取"做实验"不如"讲实验"的教法。多媒体的应用,使得部分教师迷恋多媒体的声光模拟实验,学生仅是观看。这样的做法虽然让学生把知识死记硬背下来,但掌握的实验方法不灵活,没有深入内容的本质,不利于学生创新思维的养成。对以后学生的终身学习产生不良影响。很多实验在做的过程中还会出现一些超出预想的现象,学生能解释这些现象才能提高他们的应变能力和创新精神。

例如,在做"质量守恒定律的实验"时,镁带的燃烧前后理论上应该质量变大,但实际质量称起来是变小的。这个实验出乎了大家的预料,笔者引导学生认识到:在这个实验中其实还有一部分生成的氧化镁以白烟的形式跑到空气中,所以总体质量没有变大反而变小。接下来让学生设计一个实验装置,使这个实验可以验证质量守恒定律,学生马上想到用一个密闭的容器进行该反应,自然就能验证质量守

恒定律。在较安全的实验中尽量让学生亲自动手做一做,即使不能完全独立进行实验也可以加深学生对化学学科的喜爱。《课程标准》要求教师的教学要面向全体学生,注重学生的合作学习,让每个学生都能得到充分发展。

为此,在做小组实验时笔者将全班学生进行合理编排,使得每个组中都尽量有语言表达能力强的学生,有观察能力强的学生,还有分析能力强的学生。将这些具有不同能力优势的学生组合在一起,互相提高实验水平。不仅能提高小组活动的效率,更有助于每个学生的全面发展。

如在讲授"实验室制取二氧化碳的研究"时,笔者让学生自主设计并动手装配一套装置。组内各学生互帮互助、相互配合、明确分工、相互合作,由于教师提供给各组的仪器不尽相同:有的用试管、有的用广口瓶、有的用锥形瓶、有的用长颈漏斗、还有的用分液漏斗,设计出的装置多种多样,学生介绍自己装置的优点,由全班学生评价。看到自己的装置成果得到老师和学生的认可,学生心里由衷感到高兴。这个探究和创新的过程激发了学生的兴趣,提高了创新思维水平。

(二)关注学生理解问题时的最近发展区

我国著名化学家戴安邦先生提出:只传授化学知识和技术的化学教育是片面的,全面的化学教育要求,既传授化学知识与技能,又训练科学方法和思维。训练学生的思维首先就要了解学生的身心发展规律和教育教学规律。最近发展区理论简单理解就是"跳一跳摘得着"。关键是"跳"得多高的问题。不跳就能摘到,说明果子放置的高度太低,不足以激发人们获得的欲望,努力得跳也不能摘到果子,说明果子放的位置太高,会挫伤人们的上进心,也失去获得的信心。在做简单的危险性不大的实验时可以由学生代劳。如在讲"燃烧和灭火"时,笔者先不做实验,而是让学生在已有的生活经验中找出常见的灭火方法,再实践,通过学生的归纳总结,得到灭火原理。这样再运用原理解释实际灭火问题时教学难度就降低了。

(三)理论联系实际,正确提问引导

实验离不开生活,在教学时处处都可以与现实相联系,这样让学生感觉到化学源于生活,感受到化学对社会生活的影响。教学的艺术在于如何恰当地提出问题和巧妙的引导学生作答。教师在教学中可以运用启发式、探究式等多种教学方式正确引导学生,引发学生的思考,建构良好的逻辑思维和知识网络。如实验室用高锰酸钾制氧气,所收集到的氧气是红色的,显然这不是氧气该有的颜色,是什么原因呢?如何改进装置呢?学生纷纷发言,有的说:"试管口部要塞一团棉花。"也有的说:"可塞上一团海绵、纱布、餐巾等。"通过沟通交流,不断激发学生探索的积极性。

在"讲燃烧条件"时,我做了"烧不坏的手帕"这一趣味实验。学生很感兴趣。明明燃烧着的手绢却没有烧着呢?笔者因势利导告诉学生这是一条浸有酒精溶液的手绢,再引发学生思考为什么手绢没有烧着。学生分析出刚才是酒精在燃烧,但为什么手绢不着呢?我继续让学生讨论,最后找到原因,是因为酒精的着火点比手绢低,酒精先燃烧。而由于是酒精溶液,其中有水,水吸收热量,使整体温度达不到手绢的着火点,所以手绢没有燃烧。进而学生们总结出燃烧需要达到可燃物的着火点这一结论。布鲁纳曾说过使学生对一门学科有兴趣的最好办法势必使之知道这门学科是值得学习的。在实验中,让学生快乐学习,充分感受化学知识带来的无穷魅力。

(四)提高自身教学水平,提高教学实践能力

新课程的培养目标是培养学生的创新精神、实践能力、科学和人文素养以及环境意识,使学生具有适应终身学习的基础知识、基本技能和方法。更新实验教学观念,只注重理论知识的验证及基本实验方法与技能训练的培养模式。"教师为主导、学生为主体"的关系增强了学生发现问题、解决问题的能力,训练了学生科学的思想方法,更重要的是在探索过程中培养了学生的创新精神。教师也可以设计实验探究题目,把教学中学生遇到的问题融入题目中。如在复习"酸碱盐"的知识时,笔者设计了"探究未知物质成分"的实验,把氯化钠、碳酸钠、硫酸钠混合粉末交给学生让其检验成分,学生在做检验实验时取粉末后放入盐酸,引入了氯离子导致实验失败。

教师在纠正错误后,加深了学生在检验混合离子时要注意离子之间互相干扰的认识。在给学生留的家庭实验作业中让学生在自家的厨房中找到能发生反应的调料。学生们为了能找到更多的反应,每个人在厨房里都当起了"化学家"。笔者把学生带来的调料在课堂上挨个进行展示，趁机提问。由于是学生们自己动手找的反应物，亲手做了实验，所以对于这个知识点的印象很深刻。

作为初中化学教师，我们要认真学习新课程标准，学习先进的教育教学理论，切实地转变实验教学观，以探究性实验为突破口，注重在日常教学中渗透实验教学，保证化学实验教学的正常进行，使化学实验教学有所突破，进而使实验教学真正成为培养学生科学素养的舞台。

四、新课程下中学化学的实验教学案例

新课程标准提出，让学生有更多的机会主动地体验科学探究过程，在"做科学"的实验探究中培养学生的创新精神和实践能力。让学生感受学习化学的乐趣，提高学习效率。本节课是化学的一节入门课，学生初步尝试研究物质的方法。运用课堂教学模式在静悟、精讲和互动中，引导学生学习蜡烛燃烧前、蜡烛燃烧时及蜡烛燃烧后的实验过程和现象的描述方法。

（一）教学目标

1. 知识与技能：学习蜡烛及其燃烧的探究，初步培养学生观察实验、表述实验现象的能力。

2. 过程与方法：通过教师提出课题，师生讨论、确定方案，学生分组实验探究，最后总结交流，填写实验报告，掌握系统观察的内容与方法。

3. 情感态度价值观：通过对蜡烛及其燃烧的探究，激发学生学习化学的兴趣；通过探究，使学生体会发现的乐趣和成功的喜悦；通过学生分组实验使学生认识到实验是学习化学的重要途径，培养学生之间的合作能力。

（二）教学重难点

1. 教学重点：培养学生对实验现象的观察、分析、表达、记录和描述能力；激发学生对探究实验的兴趣。

2. 教学难点：训练学生主动发现实验现象；表述实验现象；激发学生探究的情趣。

（三）实验和设备准备

教师和每个学生小组一套：烧杯、澄清石灰水、火柴、蜡烛、水槽、小刀，幻灯片。

（四）教材分析

本课题是九年级化学上册起始部分的内容，是学生接触的第一个较完整的化学活动与探究实验。因此，本课是化学实验的基础，对初中化学乃至今后的化学学习起到至关重要的作用。对"蜡烛及其燃烧的探究"是介绍在实验中如何观察、描述和记录是一节典型的入门实验课。教材中设计了一个对比观察蜡烛点燃前、燃着时、熄灭后的步骤，让学生关注物质的变化过程及其现象，学会动态、辩证地看问题，并学会观察的具体内容（颜色、状态、气味、硬度、密度、熔点、沸点、发光、发热、新物质的产生等）。这是一门教授学生如何实验的方法课，激发学生的学习兴趣，提高学习效率。本节课在整个教材中占有重要的地位。

（五）学情分析

由于学生刚接触化学这门学科，对于化学的认识朦胧、肤浅，对于化学的了解几乎为零，通过前面的学习，虽然知道了化学研究的对象是物质，但是对于怎么研究物质、利用什么方法研究物质并不清楚，教师应引导学生用规范的科学术语有序地归纳蜡烛的物理性质及燃烧现象。

在这堂课中，学生对于第一次通过实验的手段研究物质有着强烈的好奇心和新鲜感；在没有化学基础知识的前提下，教师要积极引导学生观察实验、分析实验现象，引导学生设计实验、进行实验，使之顺利完成实验操作，形成良好的师生关系，使学生喜欢化学，为今后的化学学习打下基础。

（六）教学过程

表6-3　教学过程

教学环节	教师活动	学生活动	设计意图
引入课题	（讲授）化学是一门以实验为基础的科学。化学的许多重大发现和研究成果都是通过实验得到的。现在的化学实验室的前身是炼丹术士和炼金术士的作坊。这些术士的想法是脱离实际的，但通过炼丹和炼金他们发明了许多化学实验器具，也发明了一些用于合成和分离物质的有效方法。（幻灯片展示图片） 学习目标：学习蜡烛及其燃烧的探究，学习观察实验、表述实验现象的方法	倾听、理解，学生对化学史进行了解，加深对这门课程的印象	简单介绍化学发展史，激发学生对化学这门学科强烈的好奇心，在潜移默化中使学生认识到对于学习化学来说，实验是重要的一环
	（引入）大家都见过的蜡烛，蜡烛的燃烧是生活中最常见的化学反应。现在我们利用自己的嗅觉、听力、视觉对蜡烛燃烧前、蜡烛燃烧时及蜡烛燃烧后进行观察并描述实验现象	倾听、理解	从生活中最熟悉的物质入手进行实验探究，激发学生学习化学的兴趣
实验探究1 蜡烛燃烧前	让学生观察蜡烛的状态、颜色、味道，比较蜡烛与水的密度、硬度等物理性质。用化学的眼光、实验的手段来研究大家非常熟悉的蜡烛，体验化学探究的乐趣。调动学生的积极性，激励学生看哪一组描述得最全面最准确。 教师观察每个小组的实验情况，给出必要的提示和指导	五人一组探究蜡烛的物理性质，并讨论	通过学生开放式的探究，调动学生的积极性，自主实验。学生探究蜡烛物理性质的这个过程就是自己设计实验的过程，让学生体验从化学角度研究物质物理性质的方法。学生之间相互配合，增强团队合作精神
	请学生发言并对学生的发言给予鼓励。学生发言同时纠正学生的不足之处，对物理性质进行补充和总结（蜡烛是石蜡和棉线做的灯芯组成的，一般蜡烛为圆柱形、乳白色、固体；特殊的蜡烛，如生日蜡烛，有多种颜色和形状，但那是添加染料后形成的；蜡烛一般都具有轻微的气味。如果用小刀切下一块蜡烛放入水中，会发现蜡烛浮在水面上，说明蜡烛的密度比水小）	小组代表发言	学生对蜡烛的物理性质的描述往往不全面。教师要引导学生用科学的语言较全面地描述物质的物理性质。当学生与教师的结论做对比后会深刻地体会到怎样才是全面的描述

续表

教学环节	教师活动	学生活动	设计意图
实验探究 2 蜡烛燃烧时	点燃蜡烛。请学生观察蜡烛燃烧时的现象。(打开幻灯片:展示较清晰的蜡烛燃烧的火焰图片)让学生较为清楚地观察火焰的三层 到每个小组中参与学生的讨论,给予适当的引导,请学生叙述观察到的现象。并与教师的描述相比(教师描述:蜡烛的火焰在轻微地闪烁,在火焰的上方有黑烟生成。如果没有风,火焰可以一直保持轻微的闪动。蜡烛的火焰可以分成三层:最里面一层火焰较为暗淡,底部呈淡蓝色,为焰心;第二层火焰较明亮且呈圆锥形,为内焰;围绕在最外面的第三层火焰呈黄色,明亮而不耀眼,为外焰。)教师继续提出探究的问题:蜡烛燃烧时产生的火焰颜色深浅不一,可能与什么有关?请学生大胆猜测,并设计一个实验证实猜测,帮助学生找到证明三层火焰温度高低的方法 再引导学生设计实验如何间接观察和检验看不见摸不着的燃烧产物——水和二氧化碳(利用一个干冷的烧杯和澄清石灰水探究水和二氧化碳)。同时对学生的研究成果进行鼓励 还要对蜡烛燃烧时的物理变化让学生进行描述,请学生发言,教师再对学生的描述进行补充	分组探究蜡烛燃烧时的现象。观察火焰的颜色,设计小实验证明蜡烛燃烧的火焰与哪些因素有关。学生大多都能用燃烧小木棍的方法证明外焰温度最高所以最明亮,学生利用实验对蜡烛燃烧产物进行探究 小组派代表发言	培养学生如何详尽而全面的描述实验现象。借助木条的燃烧使学生感受到除了感官这一直接观察法以外借助实验可以对物质间接进行更进一步的研究 引导学生设计实验的目的是针对发现的问题,引导学生大胆猜测,有意识的引导学生体会科学探究的的过程。 通过对学生发言的表扬和鼓励,激发学生对学习化学的热情
实验探究 3 蜡烛燃烧后	蜡烛熄灭后的现象。引导学生注意燃烧后的一缕白烟(蜡烛吹灭后,快速用一根燃着的火柴去接近蜡烛灯芯)并引导学生分析白烟的成分,再请学生发言,学生有的认为是蜡烛蒸汽,有的认为是蜡烛的固体小颗粒(烟)。对学生的回答进行分析,指导学生找到答案(白烟是由石蜡蒸汽冷凝形成的)	学生合作探究,蜡烛燃烧后的一缕白烟。探究后学生发言	燃着的火柴只要接触到白烟就能把火柴点燃。这是一个很常见但容易忽视的现象。学生对此感到新奇而又疑惑。对于这一部分的探究增加了学生对化学实验探究兴趣并调动了学生的积极性

续表

教学环节	教师活动	学生活动	设计意图
小结	填写实验报告，引导学生从反思自己提出问题是否积极？设计的实验方案是否合理？基本实验操作是否规范？分析问题思路是否清晰？是否掌握了观察实验现象的基本方法？对以后的化学实验描述是否有细心？等问题	反思自己的探究过程	让学生做自我评价，为以后的化学学习打好基础

（七）课后反思

这部分内容采用的是探究式教学，并辅以学生自主式学习法。以学生主动探究、合作学习、讨论交流的方式展开。开放式教学培养了学生的学习习惯和学习方法，充分尊重学生的主体地位，积极发挥教师的主导作用。学生要分层次对待，讲解和提问要考虑到学习水平中下层的学生的基础，多给他们思考的时间、动手的机会、回答问题的次数。在分组实验中让学优生给予合作式的帮助，让学困生尽可能地参与到探究活动中来。充分肯定学生成功的地方，如燃烧前蜡烛物理性质的描述不全面，燃烧后对白烟的认识等，即使回答错了也要肯定学生试错的勇气。这样使学生体会发现的乐趣和成功的喜悦，激发学生学习化学的兴趣，为以后的学习打下良好的基础。

在开始的引入部分笔者运用视频资料展示从百年前的化学实验室到现代的大型国家实验室、现代有机实验和仪器分析实验，以此学生调动学习化学的积极性。在蜡烛燃烧前，观察蜡烛并描述蜡烛的物理性质时，引导学生按照"物质的变化和性质"中物理性质的描述规律（即颜色、状态、气味、硬度、熔点、沸点、密度等顺序）进行观察和描述，力求全面；在对比蜡烛与水的密度谁大的问题上鼓励学生大胆设计试验，得出结论；蜡烛燃烧时，对三层火焰的温度检测，笔者让学生自己对这一问题提出假设，再设计实验证明，最后得出结论，让学生体会发现的快乐和成功的欣喜。用澄清石灰水和干燥的小烧杯检验燃烧产物这一探究实验的设计，使学生了解到除主动观察外通过实验可间接反映物质的性质，也让学生体会到了探究的过程让他们尽可能地参与到探究活动中来。对燃烧后的一缕白烟的分析，笔者也是采用鼓励学生大胆假设,再带领学生论证假设的方法。通过这样的探究激发了学生学习化学的热情,为以后的学习形成了一个良好的开端。

笔者在讲课过程中以学生的探究活动为主,起到引导作用,努力创设一种学生主动思考、积极动手、知无不言、言无不尽的和谐教学氛围,使学生体会"我探究、我成功、我快乐!我一定能行"的意义,学生的学习积极性很高。课后他们都感到自己不仅知道了如何描述蜡烛的物理性质和燃烧的现象,而且对物质的性质和变化都有了深层次的理解,增长了自己学习化学的兴趣和分析问题的能力。在课后学生的自我评价中,他们也提到了要如何全面地描述物质的性质和变化,并对前一节课"物质的变化和性质"理解得更透彻了。很多学生仍然保持很高的积极性准备课后观察其他物质燃烧的现象。

通过这节课的学习,学生进一步体会到化学是一门建立在实验基础上的科学,科学的描述是客观严谨的,这也培养了学生实事求是的科学研究素质。

第四节
高效学习：大单元多层级视域下的教学作业

义务教育阶段的化学教育，就是要让学生认识物质的变化规律，形成化学的基本概念、单元教学的设计，开展学科核心素养的重要途径。作业是巩固新授知识并形成技巧培养学生综合能力发展核心素养的重要途径之一。作业的设立有助于巩固学生在课堂上获得的新知识。通过作业，学生可以回顾和强化所学的概念、原理和技能，培养学生的解决问题的技巧，助力综合发展。作业在义务教育阶段的化学教育中扮演着重要的角色。通过作业的设计和完成，学生能够更好地发展核心素养，提高对化学学科的理解和应用水平。

一、大单元多层级教学模式的作业

大单元的教学可以将学生零散的知识完整化，并系统地理解知识，基于大单元背景下的练习与作业可以从以下途径进行设计：一是运用知识的纵向对比来理解概念；二是通过对物质之间的联系了解化学；三是分层作业让更多的学生爱上化学。

大单元的教学可以将学生，零散的知识完整化，将知识背后本质的、核心的思想整合起来，对事物的性质特征以及事物间的内在关系和规律概括出来。大单元的学习可以循序渐进地深入了解概念，根据学生的知识水平，采取具体的认知进阶。

《课程标准》中要求练习与作业的设计要有基础性、生活性、综合性。有效的作业离不开高质量的作业设计。当前的化学作业主要是强化知识，注重结论作业的知识点单一，并且缺乏深度导致学生对作业内容感觉枯燥。单元作业的设计就是用整体的观点思考单元内容，提高整体的学习效果。注重学生，注重探究，让学生充分体验获得学习知识的过程。一份好的作业设计绝不是以简单的重复来达到记熟,会背的目的,而是要展现学生的思维过程和思维发展,从而提高学生的科学素养。

(一)运用知识的纵向对比来理解概念

初中化学是化学教学中的基础学段,而基本概念和理论又是初中化学研究的基础。对于没有化学基础的初中生来说枯燥的理论知识理解起来有一些困难。这就要求教师在设计这类作业时要运用比较,辨析相似概念和易混淆概念的方法,对知识进行深入理解。如在讲完元素的概念之后,为了让学生清楚的认识,元素是用来描述物质的组成,可以将纯净物的知识引申到"单质、化合物、氧化物",甚至说基础好一点的学生可以延伸到酸、碱、盐。

例:分析空气、氧气、二氧化碳、碳酸钠、氢氧化钠、硫酸的物质类别。通过这道题,可以引导学生辨识混合物、纯净物、单质、氧化物、含氧化合物、酸、碱、盐的概念,通过对空气和二氧化碳的对比,明白混合物是由多种物质组成的,而化合物是由多种元素组成的纯净物。通过对氧气、二氧化碳的对比,认识单质和化合物的区别;通过二氧化碳和碳酸钠认识氧化物和含氧化合物的区别等。

(二)通过对物质之间的联系了解化学

化学是在原子和分子的层次上,研究物质的组成、结构、性质以及变化规律的自然科学。了解物质之间的变化,才能更好地认识化学。

例题:波尔多液是一种农业上常用的杀菌剂,它由硫酸铜和生石灰加水配制而成。配制过程如下:步骤一,向生石灰中加水制成石灰乳,将其温度降至室温;步骤二,将硫酸铜溶液慢慢倒入石灰乳中,边倒入边用木棒搅拌,即配成波尔多液。写出上述配置波尔多液过程中,步骤一和步骤二发生的化学方程式。若步骤一中石灰乳温度未降至室温会造成波尔多液变质,原因是什么。

化学是要应用到日常的生产和生活中的一门科学。本题中的"波尔多液"对学生来说比较陌生,如同将来在生产生活中会遇到许多未知的事情一样,要学会利用化学来了解原理并解决实际问题。题目中本题通过对波尔多液的制作过程,让学生了解化学在生产中的重要性,了解在操作过程中的注意事项,避免不必要的浪费,同时让学生学会用化学语言来描述物质之间的转化关系。

例题：下图是利用海水提取粗盐的过程。

图 6-3　海水提取粗盐的过程

图中是 _____ 池（填蒸发或冷却）。粗盐中含有少量氯化钙，氯化镁，硫酸钠和泥沙，某学生将该粗盐样品进行提纯。将样品加适量水溶解然后进行 _____ 除去泥沙等难溶性杂质得到澄清溶液。向所得的澄清溶液中依次加入稍过量的氯化钡溶液、氢氧化钠溶液和 _____ 溶液，除去生成的沉淀后再滴加稍过量的稀盐酸得到较纯净的氯化钠溶液。蒸发溶液得到较多氯化钠固体时停止加热，他注意到，不能立即把 _____ 直接放在实验台上，以免烫坏实验台。

本题让学生认识到物质之间的变化不仅有化学变化也有物理变化，并且物理变化也可以应用到生产中。除此以外，本题的第二问让学生了解到在实际应用中，为了能完成最终的除杂目的，应加入过量的药品，但是随之发生的是过量的药品又成为新的杂质，所以在选择实际操作步骤时，还要统筹安排，找出更合理的操作顺序。

（三）分层作业让更多的学生爱上化学

教师布置作业的主要目的就是为了让学生能够更好地巩固所学知识，但由于学生存在着个性差异，如果作业都是同一内容就没有办法顾及学生的个体差异，学生会失去兴趣、失去自信。这就要求教师在选择作业题上能考虑学生们的不同层次，争取做到每个学生都能获得成功的喜悦。

例题：实验室有一瓶存放很久的生石灰，小轩同学想了解其变质情况，设计如下实验：

实验 1：取少量样品于烧杯中，加入一定量水，触摸烧杯外壁，感觉发热。充分搅拌后过滤，得到白色沉淀和无色滤液。小轩同学对样品的组成提出了以下假设：假设 1 是 $Ca(OH)_2$ 和 $CaCO_3$ 的混合物，假设 2 是 CaO 和 $CaCO_3$ 的混合物，假设 3

是 CaO 和 Ca（OH）₂ 的混合物,假设 4 是 CaO、Ca（OH）₂、CaCO₃ 的混合物。通过实验现象可以直接得出,其中假设 _____ 不合理。为了判断其他几种假设的合理性,他继续进行实验。

实验 2:取少量沉淀放在试管中,加入足量稀盐酸,产生气泡,由此可否定假设 _____。

实验 3:取少量滤液放在另一支试管中,加入碳酸钠溶液后溶液变浑浊,反应的化学方程式为 _____。于是小轩同学得到结论:只有假设 4 合理。但你认为此实验仍不能得到最后结论,请说明原因 _____。

为了得到最后结论,小轩在老师的指导下设计了如下实验:

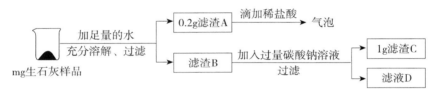

图 6-4　实验设计过程

向滤液 D 中逐滴加入过量稀盐酸,观察到的现象是 _____;通过上述实验,小轩最终得出假设 4 成立,请根据所给实验数据进行计算,推测他所称取的生石灰样品的质量范围是 _____。

这道题从篇幅上可以感受到,题目的阅读量比较大,有些学生直接将此题略过,但是如果仔细观察,可以发现以下:由于实验一的操作中提到在样品中,加入水后试管外壁有发热的感觉,在上学期学习第七单元时了解到氧化钙与水反应会放出大量的热所以不难找出猜想一不合理。向沉淀中加入盐酸可以产生气泡,这一知识在初中上学期学习二氧化碳制取的时候就已经接触。另外,接触到酸碱盐之后,学生也清楚地知道,碳酸根离子和酸能产生二氧化碳气体,就此不难得出最终的答案。以上两个填空,只要有一些化学基础的学生,就可以完成。实验三则需要对化学知识掌握比较熟练的学生才能完成。首先,要知道氧化钙与水能够生成氢氧化钙。其次,在各种猜想中只有氢氧化钙才能与碳酸钠反应。因此,该化学方程式为氢氧化钙和碳酸钠的反应。教师要引导学生学会分析，当样品中没有氢氧化钙，只有氧化钙也能在水的作用下生成氢氧化钙，进而与碳酸钠反应。

教师在育人目标的统领下整合知识与经验、生活与学科的关系，设计和组织大单元教学，进行大单元作业评价，以核心素养为导向，充分发挥单元作业的复习巩固、拓展延伸和素养提升等功能，在减轻学生作业负担的情况下，科学设计单元作业，体现整体性、多样性、选择性和进阶性。学生通过学会建构知识体系，通过实践性的学习活动，体验知识的感知、内化和运用，实现深度学习。

二、新课程下化学作业的评价方法

《课程标准》中提出高中化学课程倡导评价方式的多样化，以促进学生在知识与技能、过程与方法、情感态度与价值观等方面都得到发展，应根据学生在相应课程模块学习中的纸笔测验、学习档案记录和活动表现进行综合评定，以此决定学生是否获得相应课程模块的学分。由此可见，新的评价标准强调培养目标和评价内容的多元化，强调教育教学的人文性，而作业在课堂教学的过程中，是巩固知识、培养能力的重要环节。

对学生的作业进行科学、全面的评价，能充分调动不同层次学生学好化学的积极性，能帮助学生认识自我、建立信心、促进学生原有水平的发展。新课程下作业设计内容的开放性、学生作业选择的自主性、操作的动态性和答案的探究性，要求作业的评价也应有相应的标准和不同的方式，更要体现个性和人文性。教师在布置一些有针对性作业的同时，应采取与其作业形式相适应的评价方式，这才能充分发挥作业评价的功能，促进学生原有水平的发展。

（一）作业评价的重心

1. 重过程

过去，教师对学生课堂作业的评价，大都是以作业簿厚、作业质量与闭卷、开卷考试的分数高低上做评价。然而，新课标提出对学生有三维的目标评价：基本知识与技能，过程与方法，情感态度与价值观；我们的作业研究恰恰是依据这三维目标而设计实施的。除传统上要求学生掌握基本知识与技能之外，作业的布置应更加重视学生参与社会实践活动的过程,以及在参与过程中的态度（如社会调查报告：学生是否真正深入社会中参加调查,还是纸上谈兵）以及参与过程中的情感体验,不管失败还是成功都有所收获,作业的评价应重视学生在作业过程中的思维方法、科学态度的树立、情感的培养和意志的锻炼,而不是结果的优、良或及格。

2. 重创新

新课程中作业设计的内容往往是开放的,没有现成答案,学生思考的视角不同,查阅的资料不同,结果也不同。所以教师不能简单地用好、坏、对、错来衡量,应侧重新颖性和独特性。

3. 重整体性

作业的目标是学生的整体发展,所以作业的评价应关注学生在德智体美劳各个多方面的进步,关注学生知、情、意、行的多因素发展。另外,对于合作型作业的评价,作业的结果凝聚了合作群体的集体智能,所以合作型作业应注重对合作者的合作意识、合作能力和合作结果的整体评价。

（二）作业评价的实施策略

新课程倡导评价目标多元化和评价方式的多样化,坚持终结性评价和过程性评价相结合、定性评价和定量评价相结合、学生自评互评与他人评价相结合,努力将评价贯穿于化学学习的全过程。

1. 终结性评价和过程性评价相结合

终结性评价即总结性的评价,是在一个学期或一个学年结束后对学生的表现进行的较全面的考核。过程性评价即形成性评价,它是在教育活动进行过程中进行的评价,这样的评价借助日常观察和经常性检查,能及时全面、准确反映学生的情况。这两种评价方式是在不同的阶段采取的不同类型,在评价中不仅要关注学生发展结果的终结性评价,更要重视学生发展过程的过程性评价,把两者有机结合起来,让学生真正参与到评价中来,把对学生的评价过程逐渐变成对学生教育和指导的过程。

2. 学生自评、互评及与他人评价相结合。

新课改下作业的评价,不仅要重视教师的评价,更应重视学生的自评和学生间的互评，这样就改变了传统评价中教师说了算的局面，做到了以学生自我评价为中心，体现了新课程的"以学生发展为本"的理念。学生自评、互评由于受到自身条件的限制，还需要教师和家长的评价为补充。尤其是学生间的互评，要在教师的指导下才能规范有效地进行，才能确保评价的公正合理。这样使他人评价和学生的自我评价相结合，使学生能在他人，特别是教师的指导下不断地反思自己的行为，并在反思中不断认识自我，从而促进学生的进步发展。

3.双基评价与综合素质评价相结合

综合素质的培养离不开基础知识与基本技能，因此教师在对学生进行作业评价时要注意对"双基"的评价。当然，在具体实施过程中，各项评价内容在整个评价体系中所占的比例如何，应该是我们教育工作者关注的问题。因为评价的目的是促进学生全面发展，在这样的情况下对评价内容的占有比例加以界定，将有助于其有效实施，教学中一般可采用如下表的分配方式。

表6-4　各种评价内容的比例

评价内容	比例
基础知识的总结及掌握情况	50％
实验的设计及实施	30％
探究资料的搜集整理	10％
小组协作及交流表述能力	10％
进步、个性或特色	附加10％

如《化学反应原理》中"化学反应与能量"一节学习完后，笔者给学生布置的作业如下：

（1）基础型作业：书后习题、整理本节学习过程中历次试卷，进行自我订正与错题记录；（2）探究型作业：查找有关化学能与热能、化学能与电能相互转化的资料并设计实验加以验证；（3）开放型作业：对当地家庭使用煤气、液化石油气、煤等热能利用效率的调查和合理化建议。其中，基础型作业由学生独立完成，探究型作业和开放型作业可由小组合作完成。作业完成后可从基础知识的总结及掌握情况、实验的设计及实施、探究资料的搜集整理等方面进行个人评价与他人评价（各部分评价内容所占比例见上表），将自我评价、组内评价、教师评价三者相结合即为本节内容的作业成绩。

表6-5 《化学反应与能量》作业评价表

评价内容	自我评价		组内评价		教师评价		家长评价
	分数	简单评价	分数	简单评价	分数	简单评价	简单评价
探究实验方案设计和实验观察记录（2分）							
调查报告和实验报告的撰写（1分）							
探究资料和样本的收集（1分）							
涉及疑难问题及其解答（1分）							
本主题知识测试、归纳和总结（2分）							
试卷的订正与分析（1分）							
与学生的交流和作品的展示（1分）							
本主题学习的总结与反思（1分）							
进步、个性或特色（+1分）							
总分、等级（均分）	总分：等级：		总分：等级：		总分：等级：		等级：

当然,在具体实施作业评价的过程中教师还要根据各校不同的校位和学生的具体学情对评价的内容及评价内容所占的比例进行适当的调整以适应不同的学生、不同的教学内容。

对学生评价的目的是为了激励学生获得继续学习的一种动力,而不仅仅是对学生学习结果的一种简单肯定或否定。从这个意义上说,评价的功能应该注重发展和提高,让学生在活动中主动探索,体验其乐趣与成功。实施新课程改革学生作业评价,要针对不同的需要进行选择,将各种形式有机地结合起来。教师应根据学生的实际水平,在平时设计和布置有针对性的作业。在评价时,不同的作业形式要有不同的评价标准、要根据不同学生的特质评价的方向应有所侧重。只有这样才能使评价结果有利于学生的发展和提高，提高化学学习的兴趣，更好地发展学生的思维，促进学生的主动发展，树立学习的自信心，体验化学学习的无穷乐趣。

三、在"双减"政策大背景下实现学生高效学习

一直以来，各种减轻学生课业负担的口号此起彼伏，"减负""素质教育""快乐教育"等理论层出不穷，但学生的课业负担非但没有减少，反而呈现逐年增加的趋势，与此同时，学生的学习质量却没有同比例提高，学习热情、学习效率都停滞不前甚至有所倒退。不论教师、学生还是家长，面对这一现状都焦虑而茫然不知所措。

为彻底解决这一问题，2021 年 7 月，中共中央办公厅、国务院办公厅出台了《关于进一步减轻义务教育阶段学生作业负担和校外培训负担的意见》，也称"双减"政策，旨在减轻学生的课业负担，提高学生的学习兴趣，使学生德智体美劳全面发展。为了切实落实"双减"政策，教师在日常的教学中就要注重提高教学的质量和效率，促进学生的学习兴趣，实现学生的高效学习。笔者经过多年教学经验，摸索出了一套行之有效的方法，即自编预习作业。自编预习作业不仅能在教材的基础上拓宽学生的知识面，引领学生自主学习，更能激发他们的兴趣，培养科学精神和全方面发展的能力。有鉴于此，从任教第三年起，笔者就有意识地针对一些知识点自行编写预习作业系列，利用教师自身丰富的知识面和立体的知识结构，为学生铺垫一个合适的探索平台，让他们有一个可以自由发挥的舞台。

以人教版九年级化学教材上册第三单元第二课"原子的结构"为例。这节课属于微观大单元教学的一个环节，教师引领着学生们推开了微观世界的大门，兼具知识性和趣味性，且能和物理学产生联系，历年来学生对本节课的知识点都抱有极大的兴趣。学好这节课有利于学生对微观粒子的认识更加深入、充分，对相关大概念有一定的了解。笔者整合了自己过去多年的相关知识，去芜存菁，自行编写了一篇符合初三学生知识水平和理解能力的预习作业，并配套安排了个性化的配套作业反馈，力求实现素质教育、全面育人的导向。

现将该篇预习作业引用如下：

原子理论是物理学与化学中有关物质本质的科学理论。与物质无限可分的概念相反，依据原子理论，物质是由一个个离散单元原子所构成。

原子起初是自然哲学中的概念。古希腊哲学家德谟克利特认为每一种事物都是由原子所组成的，整个世界的本质只是原子和虚空。原子不可分割，并不完全一样。事物的产生就是原子的结合。古希腊的诸多哲学家对于事物本源提出了多种认知论，德谟克利特的原子论只是其中之一，且并未受到重视和广泛传播。到了基督教时代，原子这一概念由于与基督教教义抵触而一度被弃置，直到近代才被重拾。

18 世纪末期，在化学领域里，人们发现物质在化学变化中存在一系列可确切描述的规律，这为原子理论成为一个科学理论提供了实验依据。

英国科学家约翰·道尔顿在科研过程中继承了古希腊朴素原子论和牛顿的微粒说，于 1803 年 12 月和 1804 年 1 月在英国皇家学会作了有关原子论的演讲，全面阐释了他的原子论思想。其要点可概括：化学元素均由不可再分的微粒组成，这种微粒称为原子。原子在一切化学变化中均保持其不可再分性；同一元素的所有原子，在质量和性质上都相同；不同元素的原子，在质量和性质上都不相同；不同元素化合时，这些元素的原子按简单整数比结合成化合物（即倍比定律）。在此原子论的基础上，道尔顿提出了"原子是一个实心球体"的模型，并测定了许多元素的相对原子质量，还发明了一套用于区分不同原子的符号，但由于过于繁琐而被废弃。

尽管从现在的观点来看，道尔顿的观点是非常简洁有力的（当然存在错误），但由于实验证据的缺乏和道尔顿表述的不力，这一观点一度受到质疑，直到 20 世纪初爱因斯坦从分子运动论角度解释布朗运动，并得到了实验验证后，才被肯定和广泛接受。

顺便一提，道尔顿有位学生名叫詹姆斯·焦耳。在接受原子论的同时，也有科学家（威廉·普朗特和诺曼·洛克耶等）提出原子应该是由更基本的单元所组成，乔治·斯托尼甚至已经给某种次原子粒子命好了名——电子，但一直没有实验证据支撑。直到 1897 年，约瑟夫·汤姆生在进行阴极射线实验时发现阴极射线是带电的，并以此证明了电子的存在。汤姆生规定电子是带负电的，于 1904 年提出了著名的"枣糕模型"（又称"镶嵌模型""西瓜模型""葡萄干模型""梅子布丁模型"等）。汤姆生认为，原子是由许多电子悬浮于均匀分布的带正电物质里所组成，带负电的电子与带正电的物质的典型相互抵消，因此电子呈现电中性。

事实上，汤姆生在他自己的论文里也提出过假说，即电子有可能是绕着带正电的圆球均匀运动的。但他当时的模型计算结果和各种实验数据都无法支撑这一假说，直到他的学生欧内斯特·卢瑟福于 1909 年领导设计并完成了 α 粒子散射实验，即轰击金箔实验。

α 粒子散射实验是将一束带正点的 α 粒子射向一张薄薄的金箔。按照汤姆生的"枣糕模型"，原子中带正电的物质是均匀分布的，同样带正电的 α 粒子会畅通无阻地穿过。但卢瑟福得到的实验结果非常诡异，绝大部分 α 粒子都直直地通过了金箔，但少数 α 粒子发生了小角度偏转，而极少数 α 粒子甚至被金箔挡住，反弹回来。

实验数据与模型假说不符，卢瑟福及其学生经过反复实验和思考后，推翻了汤姆生的"枣糕模型"，提出了新的原子模型——行星模型。卢瑟福认为：原子的大多数质量和正电荷，都集中于一个很小的区域（原子核这个概念由后人提出）；电子则包围在区域外面，围绕原子核做圆周运动，类似行星围绕太阳那样。这样的模型完美解释了为什么只有少数 α 粒子被排斥，但并未对电子的运动做出更为细致的解释。

卢瑟福的"行星模型"看似非常完美，但他其实一出生就被判了死刑，他没有办法解释为什么电子没有掉到原子核里面——根据卢瑟福的模型进行数学计算，电子是无法抗拒大质量且带正电的原子核的吸引的，在绕核运动中会发出电磁辐射，损失能量，以至于瞬间坍缩到原子核内。对此，卢瑟福也无法给出合理的解释，他在论文的最后这样写："这个模型目前还面临着很多问题。"

卢瑟福的学生尼尔斯·玻尔一直想为老师的模型提供一个坚实的理论基础。受到巴尔末公式的启发后，玻尔抛弃了几乎所有的经典物理限制，只留下了普朗克常数，引入量子化的概念来研究原子内电子的运动，并于 1913 年提出了玻尔模型，即"量子轨道模型"。

玻尔提出了定态假设、量子化条件和跃迁规则,认为电子是在独立的、互不干扰的轨道上绕核运动的。但这个模型依然存在很多问题,比如,无法解释为什么处于定态的电子不发出电磁辐射,也不能很好地吻合多电子原子的观测数据。玻尔在1922年领取诺贝尔物理学奖时称:"这一理论还是十分初步的,许多基本问题还有待解决。"

1924年,埃尔温·薛定谔受到德布罗意的物质波启发,开始探究以波的形式来描述电子的运动行为是否比以粒子的形式更为贴切。最终,综合了玻恩、海森堡等多位科学家的理论,薛定谔于1926年提出了原子的现代模型——"电子云模型"。该模型根据电子在某一位置出现的概率来描述一个原子内电子可能出现的位置。一个电子可以在距核任意距离的位置被发现,但取决于其所处能级。电子会在一个特定的区域出现得特别频繁,该区域即它所处的轨域——即电子云。电子云可能具有不同的形状,例如、球形、哑铃型或环形等,但都以原子核为中心。

"电子云模型"能够完美解释几乎所有的观测数据,但谁能断言这就是最终答案呢?或许仍有新的问题会被发现,也会有新的理论来修正前辈。科学及其研究就是在不断的探索、假说和验证中前行的。

预习作业:请以表格或时间轴的形式,梳理原子结构模型发展简史;文中哪位科学家的事迹触动了你?可简要谈谈。

经过两年的实践,学生的反馈表现出了惊人的理解力、创造力和热情,给予笔者极大的震撼,让我充分领略到了学生无穷的能力。这种高质量设计下的预习作业符合学生的年龄特点和学习规律,以个性化的作业设置充分证明了,"双减"政策与全面提升学生的能力并不冲突,反而丰富了学生的作业形式,拓展了学生知识面,激发了学生学习兴趣,培养了学生自主学习的能力。长此以往践行这种模式,不仅有助于学生当下的知识学习,也有利于他们长远的德智体美劳全面发展。

第七章
思政元素：思政化大单元多层级教学深入发展

在互联网广泛普及和素质教育深入人心的当下，结合初中化学课程本身的特点，以立德树人为宗旨，深入挖掘思政元素，构建一个立足大概念、大单元教学的深度学习的具备思政元素化学教学模式。实现科学知识和世界观、人生观的双丰收，让学生在获取科学知识的道路上不迷路，不走错路。在该教学模式的指导下，思政元素被充分融入化学教学中。化学教育不仅仅是传授科学知识，更要培养学生的思维品质、价值观念和社会责任感。通过挖掘化学课程中的思政元素，教师可以引导学生学会思考科学与社会、科学与伦理、科学与可持续发展等方面的关系。这样可以帮助学生理解科学知识的应用背景和社会意义，培养他们正确的世界观、人生观和价值观。

第一节
思政化教学助推化学课堂高质量发展

全面提高基础教育的教学质量，尊重个性，提高学生学科素养是学校和教师的根本任务。随着工业技术和社会形态的快速发展，互联网技术和元素让我们的素质教育教学如虎添翼。但有些不良内容也随之沾染了我们课堂中部分参与者。比如，有人公然在微信群中丑化、亵渎革命烈士；还有些人传播不实信息，引发社会恐慌等。提升个人思政素养对稳定社会秩序、遵守社会治理规范极其重要。教育兴则国兴。良好的教育，不仅能让学习者丰富自己的头脑，武装自己的身体，让自己在复杂的社会大家庭中争得一席之地，还能在世界观、人生观和价值观形成过程中不跑偏。

因此，在当前教育改革深入进行的当下，建立一个有信仰、有方向的思政教学模式，在教学中引入思政元素势在必行。让思政课程与非思政课程协同发展、同向而行，从而实现360度无死角、全面育人的理念。初中化学作为中学的基础课程之一，同时化学的理论知识与社会生活实际也密不可分。因此，在此课程的授课过程中，挖掘它的思政元素，积极探索和贯穿结合思政教育的方法。将思政内容渗透到教师的教学日常中，让思政内容的价值导向作用尽力发挥。让学生的科学知识水平稳步上升的同时，形成正确的世界观、人生观和价值观。

一、初中化学课程的教学现状与存在问题

化学是一门研究物质的性质、组成、结构及变化规律的自然科学。化学与工、农、林、牧及医药环境等均有十分紧密的联系。化学对我们认识世界和改造世界都是具有不可估量的作用。但是传统的初中化学课堂教学，只限于在照本宣科的基础上稍加点缀，并未体现当下时代背景的内容——将思政元素融入教学中。理科

类课程如化学同样也需要"思政化课程"的引领,才能塑造出更多具有高知识、高技能,热爱祖国、热爱党和人民的高素质人才。

(一)化学课堂中的"思政"现状及问题

习总书记在教师节谈话中对我们的教育及教育者提出了要求,教师不仅是传授知识,更重要的任务是培育出能够担当重任的祖国接班人。然而,大多数教师对"思政化课程"的理解是不够深入和具体的。这几年,随着思政进课堂理念的提出,非思政教师对该观念虽然十分认可,但却在课堂上无法兑现自己的想法,还表现出有点浪费时间的意味。加之从化学这门学科本身而言,科学性和严谨性密不透风,没有缜密的思考和巧妙的设计是无法将思政元素加入其中的,教师往往心有余而力不足。

(二)学生现状及问题

对于初中的学生而言,虽然知识结构基础基本没有太大差异,但是学习习惯却相差迥异。加之学生普遍对新学科恐慌的"羊群效应"。学生在学习过程中更偏向于熟悉且轻松易学的文字类学科。再加之,一些学生对纷繁复杂的信息言论缺乏鉴别力,泛娱乐化倾向明显,信奉拿来主义,喜欢快餐文化。中国互联网络信息中心之前的一项调查数据表明:13—18 岁青少年八成以上都具备较强的网络使用能力,从兴趣点上看,娱乐仍旧是他们最为喜欢的领域,影视、动漫、游戏、音乐收获关注满满,诈骗与网络欺凌仍是青少年面临的主要网络风险,其中网络欺凌比例最高。面对网络风险青少年多选择不理会,不愿意和父母沟通。这些情况加剧了学生的价值体系混乱,缺乏正确认识世界观、人生观和价值观,缺乏吃苦耐劳、努力拼搏的精神。

面对这样的学生,传统的思政课程难以解决这些问题,甚至会适得其反。因此,针对学生的现状及问题,为了我们的教学高质高效,学生能自主深度学习,探索适合新时代学生的"思政化"教学模式势在必行。

二、化学课程"思政化"教学模式初探

要想学生有更浓厚的学习兴趣,更高质量高效率的学习一直是素质教育的宗

旨,青少年阶段是人生的"拔节孕穗期",最需要精心引导和栽培,教师要引导学生"扣好人生第一粒扣子"。顺应时代,培养有知识,有能力的新时代接班人,一直是教师最重要的职责,从中国发生的翻天覆地的可喜变化来看,教师的确做到了这点。但从近些年的社会形态和新近流行的网络世界中投射或延伸出的我国青少年最真实的个人素养,却决定了思政课程必须融入学生课堂教育并引领课堂教学。鉴于此,我们有必要结合初中化学课程的特点,从教学人员、学习参与者、教学模式、考核评价等角度对化学课程教学中实施思政教育进行深入的探讨和分析。

（一）提升教师专业教学能力和思政教学水平

新时代的优秀教师应该是集高尚的道德情操、坚定的理想信念和精湛的教学技能于一身的教师。只有使命感和责任心,才会让教师在教学的征途上去刻苦钻研、不断充实,才会将思政内容以润物细无声的形式教化学生。因此,我们需要不间断地开展示范性的课程思政公开课,有针对性地对教师特别是非思政教师进行思政指导,提升所有教学从业者的思政水平和思政教学水平,升华课堂中思政内容的感染力和吸引力,为实施高质量思政特色教学提供重要保障。

（二）挖掘化学课程的思政元素,提高课堂教学质量

在化学课堂中融入思政教学必须找准立足点,化学课程源于生活,与生活有着密不可分的联系,这一得天独厚的优势为思政内容的融入创造了先决条件。教师可以在结合当今社会热点问题的前提下依据初中化学课程教学大纲,以大单元教学为立足点,有的放矢设计出具有思政特色的化学教学案例。这样不仅使化学课堂的趣味性和吸引力得到大幅的提升,还激发了学生的求知欲,提升了学生学习的主观意愿。

比如,讲到一些易燃易爆危险品、化学合成反应时,可以借助一些轰动的爆炸事故的音视频资料。教师通过对实际的事故进行原因分析,开展课堂的情景式教学,提高学生对化学反应的认识,增强学生的科学素养和科学使命感、敬畏感。再比如,在微观大单元教学中,介绍分子和原子等微观粒子时,介绍科学家们在探寻科学真理时锲而不舍的历程,培养学生的科学使命感,鼓励学生为祖国的科学事业发展奋斗终身。

（三）融入网络信息，创设符合时代特色的课程思政教学情境

我们这个时代什么是不可缺少的？毋庸置疑是信息，是网络。因此，教师在课堂上也要引入一些网络信息，化学课堂更不例外。化学课堂中的微观理论在教师利用了丰富的网络信息后，空洞的知识变成了屏幕上真实存在的画面，教师应该充分利用好互联网提供的各类视频、图片、音频等与学习内容相关的资料，强化思政要素在形成正确的世界观、人生观和价值观方面的重要性。例如，在讲解"金属的化学性质"一课时我们的思政化教案就可以如下设计：

表 7-1　"金属的化学物质"教案

教师活动	学生活动	设计意图
播放高速公路上发生了装有浓硫酸的铁罐车翻车的相关视频和图片，同时向学生进行提问	观看视频，思考	从声光多角度刺激学生的感官，让学生产生发散性思维

（四）巧设环节，让学生在课程思政教学模式中深度学习

采用深度学习的教学模式，开展丰富多彩的思政教学，实现学生深度学习。思政教学不同于思政课程，不是要求在上课时固定或必须花一段时间形式化地谈思政；更不是教师在课堂上一味地灌输思政内容，这都无法达到润物细无声的育人效果。摒弃原有的教学传统、教学模式，将思政元素巧妙地融入专业课的混合式教学，找出专业知识与社会热点之间的联系，利用各种媒介引导学生自觉去感知、讨论、反思，形成课上、课下、书本、社会相结合的课程思政教学模式，让学生在自育中快乐成长。

表 7-2　教学中课程思政的渗透

教师活动	学生活动	设计意图
问题：稀硫酸能与铁反应，为啥浓硫酸还可以用铁罐车运输？浓硫酸的泄露造成了不可逆转的人员伤亡，由此我们可以推测浓硫酸具有何种性质？泄漏后，由于浓硫酸的强腐蚀性，将对道路及周边的绿化造成什么影响？视频中播放的有相关消防员正在现场利用高压水枪向泄露区域喷洒液体，这种液体是水吗？原因是什么？现场那么危险，为什么警察和消防员还一直坚守一线，毫无畏惧	独立思考—分组讨论—交流汇报—汇总，寻找答案（实现学生主体化功能，积极调动、全员参与、全员献策，以生生互动为主，师生互动为辅）进行学生自评—生生互评—师生互评（实现多维度评价活动，实时反馈，持续跟踪，指导后续学习）	让学生从矛盾疑惑中获得新知，从消防员和警察的奋不顾身迸发出积极向上的正能量情怀，思政教育在科学的学习碰撞中得到升华

（五）丰富课程考核和评价机制

随着教学改革的逐步深入，原有的一卷定终身的考核机制的弊端逐渐显露，为了强化课程改革的效果，化学课程的考核和评价也应发生相应的变化。传统考试固然重要，有其必要性，而学生平时的课堂表现、思政环节的讨论表现、学生的课后网络学习等也同样重要。教师要增加一些讨论会、社会调查小论文、日常答问等考查评价项目，让考评机制更加灵活多样，将学生的学习主动性和激情充分调动起来。

思政进课堂绝不是一个口号，也不是一蹴而就的事情，在素质教育背景下，化学授课教师应从教学实际出发，以教材为蓝本在教学过程中捕捉思政元素，并让思政元素和专业知识相互融合，让思政元素成为化学知识的催化剂，让化学知识从颜色、气味和温度各个方面去激发学生学习的积极主动性，让学生在课堂中享受科学素养和道德品质的双丰收。

第二节
大单元教学助力化学课堂深度学习

时代的发展赋予课堂教学的目标是培养德智体美劳全面发展的德才兼备的祖国建设者。思政元素在课堂教学中能有效将德智相结合并提升。以大单元教学为引领，真实情境为背景，把握理论与实践的关系，让学生学会学习并掌握解决实际问题的技能。用问题连接整个课堂，会使整个课堂更加生动灵活，更像一个有机体一样富有生命力。学生在富有生命力的课堂中学习会更加投入，并能随着问题的深入探讨将知识与技能熟练掌握。笔者以"水的净化"一节课为蓝本，讲一讲如何建立深度学习课堂。

培养新时代的国家建设者，就是要培养既有科学知识，又有爱国情怀的德才兼备的高质量人才。这就要求我们的课堂教学从一味地注重知识的传授，改为教授学生主动学习获取知识的能力和增强学生的爱国主义情操。大单元教学引领下的深度学习就应运而生。

大单元引领的深度学习就是让教师确定一个大单元主题，带领学生围绕一个确定内容，让学生全身心、全维度地参与到整个教学环节中，体验参与活动，探索问题，获取成功的喜悦。初中化学教学课堂中，实践深度学习不仅能大大提高学生在课堂上学习的主动性和能动性，使学习效率得到极大的提高，并且使化学知识更好地联系实际生活，增强学生解决实际问题的能力，对提升化学学科的核心素养起到积极作用。下面，笔者谈一谈对大单元引领的深度学习在化学课堂中的实施的一些浅见：

一、大单元教学引领下的深度学习在化学课堂教学中的重要性

如何提高课堂教学的高效性和有效性，对于一线教师来说一直就是亘古不变

的话题。无论哪一个学科,在一线教师的每一节课中都或多或少存在一些问题:教师为了赶课时,"满堂灌"式地讲课。学生习惯被灌输,课堂缺乏主观能动性,创新更无从谈起。学习没有热情,更缺乏激情,更像被动地给家长和教师学习。

"单元 + 深度学习"如久旱之后的甘霖,浇灌着教育这片贫瘠的土壤,让教育重新获得生机。深度学习倡导课堂是属于学生的,学习主动性是课堂的精神脊梁。要让学生在教学环节中充满学习的冲动和激情,这就需要教师在教学设计时多给学生一些真实情境和想象的空间,让科学知识的魅力和社会价值在课堂上大放异彩,学生能立即体验到学习的成功感和归属感。化学课堂中进行深度学习将会使化学课堂教学变得更灵动,更丰富多彩,更有乐趣,真正实现高效化学课堂教学。教师和学生的课堂归属感油然而生,学生也能在愉快的氛围中获取更多有效的化学知识。

二、真实情境为大单元下的深度学习提供事实依据和发挥空间

把枯燥的知识与生活实际接轨,就会让知识变得通俗易懂,学生更容易理解,举一反三,这就需要情境。没有真实情境的介入,达不到理想的教学效果。即使达到了效果,容易导致高分低能、高分无德。

高效的课堂需要学生的主动参与,而真实情境能让枯燥单调的理论知识与丰富多彩的现实生活联系起来。让学生从真实情境中找到:这节课要学什么,学了有什么用,什么是我感兴趣想学的。当所有学习参与者在参与学习前就有了目标,接下来的整个学习过程就会非常轻松,感受到知识的美感和获取知识产生的愉悦程度就会大大提高,教学目标的达成率也可以大幅提升。

如何才能设计出一个完整的真实情境呢? 时间、地点与事件缺一不可,就和写文章一样在什么时间,什么地点,有什么事就可以了。真实情境的形式也呈现多样化,可以是文字描述,也可以是图表语言或视频语音相结合的形式。例如,笔者在"水的净化"一课中,利用了月牙河取水和新闻联播片段这一真实情境。

基于此真实情境,学生上课的精神状态马上就发生了改变。本来还有些紧张,看见熟悉的月牙河、心情一下就放松了,学生感受到无与伦比的惬意。他们知道了

这堂课需要学习的内容是有关水的净化的内容,学习的目标和学习的动力得以快速生成,为整堂课的深入学习打下了坚实的基础。

三、恰当的问题链为深度学习提供源源不断动力

新课程改革对我们的课堂教学提出了许多新的要求,要求教师角色上改变成为一个引领者。教师从"教学生接受知识、理解知识"转化为"教学生获取知识、应用知识"。学生从一个课堂的参与者变为课堂的主导者。教师如何快速将自己和学生的身份进行转变,教学模式的改变很好地解决了这些问题。

教师要将以前习惯的讲授式教学模式,改为深度教学式教学模式。如何才能让学生进行深度学习,我们在课堂的引入和课堂开展的各个环节都应该下足功夫。利用设计好的问题引导所有环节,连接整个课堂。用问题将简单转向深入,用问题从基础再向上拔高。在真实情境的引领下,以问题为主线,以"发现问题—解决问题—再发现问题"为全课程的纽带。知识的逻辑性和发散性在大单元教学和每一节课的深度学习过程中充分发挥,知识点、重点和常见题型及解题思路在不断的探究学习过程中得以体现。

例如,"水的净化"一节中,笔者以月牙河河水这一真实情境导入后不断抓住以下问题,以问题连接所有知识点,以问题贯穿整堂课,使学生一直沉浸在分析问题、解决问题、发现问题又发现问题、解决问题的探索模式下。大单元教学引领,让学生深度学习、深度思考、深度掌握所有知识,教学效果事半功倍。

有了明确清晰的问题作指引,学生就明确了课堂上需要讲解的内容,学生也知道了自己课上和课下该学什么以及学习的目的。教师教学有的放矢,学生的学习积极性和参与度得到了极大的提升,深度学习产生的效果让学生在课堂评价中表现得异常出色。

四、有效的课堂评价,让学生享受大单元教学和深度学习的魅力

课堂教学评价是新课程教学的重要组成部分,是提高学生学习主动性和促使学生高效学习的有效手段。丰富多彩和灵活多变的教学评价方式,会使课堂的教

学效果大幅提升。学生能在这样的学习环境和氛围中将深度学习过程中习得的技能得以完全发挥。

对于一堂课来说，一节课成功的标准，已经不是在教师层面上进行点评了，我们将重点放在了学生层面上：关注学生在课堂上学得是否投入，是否积极，解决问题是否快速、精彩，是否能体现出新时代的气息。教师必须时刻以学生的发展为基本，建构出具有本地特征，适合自己学生学情的教学评价。

表7-3 "水的净化"课程评价体系

评价要素	评价等级				评价结果
	A	B	C	D	
核心知识	能科学地、有逻辑地、清楚地的讲解水的净化方案并进行细致的分析	能比较科学地、有逻辑地、清楚地的讲解水的净化方案并进行分析	能清楚地讲解水的净化方案并进行简要分析	不能清楚地讲明白水的净化方法	
实际问题解决能力	从水源的成分分析、净水方案、净化效果、水质提升等进行概括说明	从水源的成分分析、净水方案、净化效果、水质提升等进行概括说明	能从以上方面简要进行分析，但是进行分类总结概括说明涉及角度较少	能从以上方面简要进行分析，但是没有进行分类总结概括说明	
科学态度社会责任素养	能根据实际情况，从实效性、能耗、成本等多方面进行最佳净水方案的综合分析	能根据实际情况，从有限的角度进行最佳净水方案的综合分析	能根据学习内容，从理论角度进行最佳净水方案的综合分析	不能很好地分析最佳净水方案。不能考虑到能耗、材料、失效等因素	
课堂表现	仪态大方，语言优美。能侃侃而谈，能与教师和学生进行很好的交流	表现自然大方，讲解清晰，比较有逻辑	有些紧张，语言有些不流畅。汇报效果一般	声音小，不流畅，只是埋头读学案的内容。不与教师和学生互动，汇报效果不佳	

课堂中加入了如此有效而实用的课堂评价，整堂课中学生的学习激情和积极性得到了空前提升。学生在一个立竿见影的学习环境中不断获得新知，并巩固新知，学习自信心得到极大的满足。

五、思政元素丰富化学课堂，加强化学课堂的目的性和实效性

教育贵在育人，其次才是传授知识。新时代的教育旨在培养德才兼备的国家建设者。课程教育的思政化理念正好顺应时代要求，弥补了目前教育体系的短板，使得我们的教育体系更加完备，更加健全，更加适应社会的发展和国家人民的需要。

思政理念要进入课堂，需要各科教师发挥自己所长，要有见缝插针的本领，不要将思政元素生搬硬套到课程内容中。要将思政理念融入我们的教学知识中，润物细无声地潜入学生的心里，影响他们的思想和行为。

例如，笔者在"水的净化"一课中所设置的思政目标如下：通过对水资源的了解，增强水资源保护意识，认识到保护水资源的重要意义；通过净化水的探究，培养学生实验探究与创新意识的学科核心素养；认识到化学对社会生产和人类生活的重要作用。笔者在教学环节中通过问题的引入，利用问题链驱动整个课堂进程的发展。让学生在发现和解决问题的过程中发现思政元素，并思考得出思政元素对于我们的生活的重要性，从而加深化学与生活、化学与社会、化学与思政的联系与发展。

大单元教学下的深度学习，是时代对教师的要求，也是事物发展的必然。大单元引领的深度学习，不仅让教师找到了教学的归属，也让学生在学习中更有目的性。深度学习模式的深入需要教师从每一天做起，从每一节课做起。这就要求教师从真实情境、问题链和课堂评价上多下功夫，时刻关注国家的时政思想，以思政元素为引领，设计好并上好每一节课，为早日实现中国梦作出应有的贡献！

第三节
大单元教学模式引领深度学习纵向深入

大单元教学模式是深度学习高级发展的必然趋势。大单元教学要求教学执行者先将一年或者一学期的教学内容分割成一段段教学内容——大单元，然后再设立大任务、策划大活动，在思维大迁移的系统指导下带领学生针对某个特定内容或者系列问题逐一进行深度探究。以大单元教学模式为导向，融合信息技术，再依托深度学习，设立思政方针就能将我们的课堂教学变成一个更加完美、丰满的几何体，让学生参与整个教学活动的各个环节收获一个完整且可延伸的体验。

在深度学习过程中，学科的核心内容是需要学生自行进行理解吸收的，并且学生还要在这个过程中批判地领会知识、延伸知识，使知识更具系统性、关联性。我们要递进化、科学化地把握理论与实践的关系，正确分析并解决实际问题，使化学学科素养更加在学习中得以生根发芽。

一、大单元教学模式是新课标下现行教学的必行趋势

教育是为了适应人类社会的发展而存在的。大单元教学是属于既有理论指导又有实操调控的，大力倡导教、学、评一体化的新型教学模式。对指导深度学习开展和学生学科核心素养的养成具有非常大的积极作用。大单元教学模式是响应教育部对现行初等教育改革的最新要求，基于化学学科的核心素养，实现高质量育人而创设的一套新的教学指导体系。

教师深研课标，研读教材，磨合知识点，确定大目标，划出大单元、大概念，在深入弄懂学情的基础上细致策划并实施各项大小活动。在活动中进行思维大迁移、结果全反馈，促进教、学、评一体，为深度学习添砖加瓦，让深度学习在实施过程中更具有理论的指导性、方向性和系统的完整性，培养学生的核心素养。

　　大单元教学模式对教师的理论素养和个人能力要求较高,需要教师掌握整套教材,厘清教材或知识点之间的关系,在课程设计时不仅要对课堂教学环节进行设计,还要有综合性的练习设计。在课时设计时要打破原有教材内容的顺序,合理地根据大单元课程核心素养目标对教学内容进行重组,打破知识点之间的间隔,使教学更具系统性,知识更具连贯性。在课程实施环节中大单元教学打破常规的单元顺序,改用大单元大模块组织教学,各种不同教学方式均可使用。大单元教学模式需要教师按照事先设立的评价标准,立足标准精确育人,高效育人。

　　大单元教学模式从教、学、评等方面促进了新时代教学改革的发展。大单元教学不仅要求我们的课堂要从“教为中心向学为中心”转变,还要基于学生本体需求,充分体现学生的主体地位。大单元教学模式也要求教师在教学设计时,将学科核心素养的实施真实落地,要求教师能从原始的“教教材”走向更高层次的“落实学科课程”的高度进行育人教学,让我们把零散的知识点高度关联成为知识体系,让学生心中有森林,眼中有树木;让学生在课堂中的思维由低阶的浅表思维走向高级思维,让深度学习真真切切地深下去。

二、大单元教学模式以恰当的目标指导深度教学的有效执行

　　《义务教育化学课程标准(2022年版)》把教材内容划分成“科学探究”“身边的化学物质”“物质构成的奥秘”“物质的化学变化”和“化学与社会发展”五大单元主题,并阐明了具体的实施建议。然而在教学实际中,教师应该结合这些实施建议进行有效的单元教学设计,虽然这些教学建议是广义的、不具体的,但在真正的教学实践中,新课标的指导意义影响深远。

　　例如,“分子与原子”一课,在课程标准上要求:了解物质是由分子、原子等微粒构成的;知道分子和原子的定义;能在分子的水平上,解释生活中一些常见现象;在学习中适当培养类比、抽象思维、分析和归纳的能力。通过结合以上必须考虑的诸多因素后,我们就可把该单元下的课时学习目标做适当的调整,内容为:清楚物质由分子、原子等微粒构成;知道分子、原子具备的特殊性质,了解运动速率和温度的关系,了解热胀冷缩、物质的三态变化等现象与微粒间距的关系;可以用

微粒的观点对生活和生产中出现的某些现象做出正确的解释；在一个完整的教学过程中适时培养学生的抽象、想象、分析、推理等化学学科素养。

有了科学可行的目标的指引，教师就明确了课堂上需要讲解的内容，学生也知道了自己课上和课下该学什么以及学了能干什么，教师教学有的放矢，学生的学习积极性和参与度得到了极大的提升，初中化学的课堂深度学习水平达到了质的飞跃。

三、大单元教学模式让核心素养更系统有深度

我们所面对的学生是否具备对新旧知识归纳和总结的能力，是否具备深度学习的必要条件，也是化学学科核心素养的最终体现。也就是说，学生能不能具备综合新旧知识和举一反三的能力是我们进行深度教学乃至深度学习的敲门砖；恰好大单元式的新型教学模式就可以达到整合学科知识特征，将知识系统化，整体化的水平，让学生轻松突破学习瓶颈，能够举一反三，直至举一反三。学生不仅能运用新获得的知识对原有的旧知识的内容和结构进行调整和加工。同时还培养了学生分析与总结的能力，有利于学生化学学科素养的形成，最终让学生在深度学习中取得更好的成就。

计算是初中化学教学和考试中的难点，也是学生在作业和考试中的易错点。在第八单元关于矿石与生铁之间的计算中，涉及混合物、物质和元素三者之间的质量计算。该内容既有教材第五单元化学方程式的计算，又有质量守恒定律的知识。教师在备课、做教学设计时，要重视大单元思维，将分散各处的知识点都设计在一处。在进行常规化学方程式的计算的引导，并有意地让学生观察铁元素的转移情况，让学生从元素守恒的方向找出元素守恒的解题方法，并经过学生对教材例题的自主学习，让学生自主得出"在化学方程式计算中代入的数据都必须是参加反应的纯净物的质量"的论断。总结出有关纯净物与混合物之间的立足于化学方程式的又一种计算方法，并将两种方法进行分析比较，从而最终确立该类型计算题的两种解题方法，并择其一而用之。利用大单元思维让学生的新旧知识能有机结合起来，加强了知识之间的有机联系，进而内化为学生的化学学科素养。

教师及时剖析新旧知识的联系然后进行分析归纳,不仅提升了知识的深度和知识的广度,还在知识的举一反三和知识的学以致用等方面进行了深入培养。大单元教学模式为学生的持续学习积累了高效的学习方法,为深度学习厘清了思路。

四、大单元教学模式让知识更有联系性与迁移性

《义务教育化学课程标准(2022年版)》要求我们在教学中要强化知识的迁移运用,培养学生分析和解决实际问题的才能。要求学生们要在具备扎实的基础理论基本功的前提下,从身边的生活现状出发,使用发散思维,用课堂上学到的、教师讲授的方法或者是书本上没有的、自创的方法来解决和处理生活中遇到的突发问题和挑战。

这就要求我们教师在做备课时,要注重大单元思维,情景问题设立的现实性、时效性、实用性和有效性,通过有现实意义的问题激发学生的求知欲和为社会做贡献的主人翁意识和责任感,让学生们将所学知识与现实生活相结合,并得以发展,通过现实情境引出的问题来培养学生辩证的思维,激发学生创造性的观点,让学生能够在大单元思维和辩证思维的引导下取得更多有创造性的成果,真切地体验深度学习的魅力。

例如,在我们讲授到“碳和碳的化合物”中实验室制取二氧化碳的时候,我们会拓展一些有关水垢的知识,告知学生“水垢可用家里的醋除去”。这是一个经常出现在考卷中的常见知识点,它突出了化学对于生活的重要性。可当我们与书本脱节后,在实际应用中却往往不是那么简单。有时候用量和耗时长短问题就值得关注,例如,食醋确实可以让实验室里的试管烧杯等小容量的容器中的水垢荡然无存,快捷方便,且耗时短,食醋用量少,它的确是不可多得的一项绝活。然而,毕竟生活不是在实验室里,家庭使用的蒸锅或水壶往往体积大,食用醋的问题就会统统暴露出来。

教师在讲授相关内容时可以适当拓展一些关于酸的知识,再将食醋除水垢有无弊端和局限性等问题加入教学设计中,让学生通过自主交流讨论,从自身的生活经验为基础提出合理的创新性意见,最终在学生激烈讨论自主探究,分析和归纳总

结中寻找出最优解决方案并领略大单元知识系统的魅力。

通过真实情境在课堂中的呈现,让一些在化学课堂上存在已久的"死"知识在学生大脑中开始苏醒并成长。通过"接地气"的解决方案,让学生的理论得以实践于实际,学生的创造性思维和学习归属感得到了发展,为课堂教学最终实现深度学习烙下一个成功的印记,让化学教学进行深度教学,让化学课堂完美实现深度学习。

结合笔者对初中化学的教学实践和对大单元教学模式的学习理解,进行大单元教学模式使课堂深度教学更有方向感,能使教师和学生更有目标,学习和教学就更有劲头。教师要提高课堂的质量和容量,学生也要具有雄厚的知识储备和强大的学习能力。教师逐步还课堂于学生,将学生的课堂主体意识和核心责任感激发出来,让学生主动探索主动学习。

教师要借助信息化教学技术以及其他网络资源,为学生展示大单元教学思路,让学生的学习兴趣和动机在摇篮里就生根发芽,使学生学有所学、学有所向、困有所帮、学有所助,从而使整个课堂充满主动和协作,让深度学习真正能在化学课堂的大单元教学中为学生插上腾飞的翅膀,为学生的知识积累和知识创新、能力巩固和自身发展起到重大作用,让深度学习能接触到更深、更远的地方。

第八章

数字赋能：多层级视域统领下的大单元教学的与时俱进

在信息化时代，人教数字教材为教师提供了进行教学变革的重要途径。通过进行大单元教学的整合，通过使用数字教材，初中化学课堂发生了积极的变化，学生的学习方式多变得样化。从学生被动听课到积极参与、从记忆实验到讨论探究、从单一听讲到多角度获取资源，贴近生活的教学素材、教学内容的选择组织、开放的平台资源。使教学更加贴近学生的认知和学习规律。这一教学模式以大概念和大单元教学为基础，注重学科知识的整合和深度学习。学生不仅能获得系统、深入的科学知识，还能在学习过程中培养正确的世界观、人生观和价值观。他们能够理解科学知识的价值和应用，同时也能意识到科学发展对社会和人类的影响。这样的教学模式将使学生在获取科学知识的道路上保持正确的方向，不会走上错误的道路。同时，他们也将成为具有思政素养的人，为社会的发展和进步作出积极贡献。

第一节
智改数转：构筑数字资源的大单元教学体系

教师要在实践中培养学生化学学科核心素养，构建初中化学教学的深度学习，从教学方式上进行改变。在"金刚石、石墨和C_{60}"的教学中，笔者采用数字化教材建构深度学习的初中化学课堂，提高了学生解决综合复杂问题的能力，提升了学生的核心素养。

一、课前整合资源，促进学生深度学习的发生

深度学习需要改变当前学生被动学习的方式，进行大单元的学习框架构建，依托人教智慧教学平台提供的学生课前预习和教师备课的丰富资源。教师进行了大单元第二层级微观世界探秘的课题5金刚石、石墨和C_{60}的教学设计。在第六单元课题1"金刚石、石墨和C_{60}"课堂教学之前，笔者让学生登录平台，由课代表带领全班同学阅读数字教材内容。学生除了阅读文字内容以外，还观看了数字教材中的金刚石和石墨性质的多媒体视频，视频内容丰富多彩，激发了学生学习的渴望。学生对都是由碳元素组成的单质，为什么物理性质差别的问题这么大产生了浓厚的兴趣，并引发了讨论。从微观角度对物质的性质进行分析。通过从微观角度的学习分析，挖掘学生自主学习的潜力，引导学生主动探究，培养学生善于发现问题、解决问题的能力。

教师在知识体系的构建过程中，利用人教智慧平台的课程编辑功能，可以使用平台上的视频、音频、动画、微课、交互程序的内容，教师可以整合平台上的优秀教学设计和教学课件等资源。有效的课程准备，能使学生积极主动地参与到教学过程中来。这堂课笔者利用教学平台，在平台上制作课件，每次制作后保存在平台上，既可以做到随时随地登录平台获取课件，也可以实现与他人的资源共享，使用

起来非常方便。

平台还可以上传资源,比如,视频、图片、试题等,上传一次可以永久保存使用,长期的不断积累,使授课资源更加充盈丰满。在备课时笔者借鉴了智慧平台上资源中心栏目中的名师资源的课件。资源中心有"名师资源""校本资源"和"群组资源",它们是根据不同的渠道进行合理划分的课件资源,使用和借鉴起来非常方便。学科工具栏中的"化学实验"可以实现人机交互,通过鼠标移动化学仪器来完成实验,实验再现力非常强,是复习实验的很好途径。这堂课我选择了"氧气的实验室制法和氧气的性质检验"这个教互动化。让学生制取氧气后,在氧气中点燃木炭,以此来回顾碳单质的化学性质。

二、课上人机交互,引导学生深度学习

在信息化时代,人教智慧教学平台为我们提供了课堂教学方式改变的良好途径,在教学实践中改变学生的学习方式,引发学生深度学习。在"金刚石、石墨和 C_{60}"这门课中,笔者上传了很多个人资源来丰富课堂内容。"碳达峰与碳中和"的视频,使学生树立低碳减排、绿色生活的良好氛围,也使学生认识到低碳生活是他们应该承担的社会责任。数字教材中的金刚石与石墨的微观结构动画,学生们通过移动鼠标就可以使微观模型随之转动,便于观察物质的微观结构特点,而且很有趣味性,学生都愿意进行尝试。

碳纳米管、石墨烯和石墨的微观模型动画直观形象,具有可交互性,使微观抽象内容显象化,突破了教学难点,也培养了学生宏观辨识与微观探析的素养。课上的评价反馈笔者利用了平台提供的课堂活动工具栏中的"判断对错"挑战赛的方式呈现的。两组学生进行挑战,通过学生代表在规定时间内人机对答方式决定胜负。学生的答题兴趣高涨,学习效果显著。

三、课后资源共享,促进知识转化

深度学习要保持教学评价与学习活动共同作用。人教智慧教学平台上的人教题库题目类型丰富,有选择题、填空题、简答题等,利用题库笔者编辑了线上评价

反馈练习。课后，由课代表带领学生们讨论，完成练习。智慧平台的电子教材对书后的每道习题都有详细解答，有的典型习题还配有视频分析，使学生自学起来更加便捷。如本节课教材后112页第2题，这是一道考查物质的性质和用途的习题。题目设置成交互性的答题方式，学生使用鼠标拖拽选项填入相应的空格中，如果全答对，最后会出现悦耳的铃声。这种交互式的解题过程增加了学生学习的趣味性，使学生乐于参与、积极应答、主动思考。

智慧平台还设置了对教师使用数字教材的个人反馈，反馈教师的个人教学行为、教学贡献等，使教师的教学过程更加有计划性。

在新时代的教学背景下，人教数字教材赋予了教师进行教学改革的重要平台，促进了教学评一体化的落实。通过教师使用数字教材，构建起学生自主学习过程，使学生实现深度学习。数字教材的使用提高了育人过程和育人质量，创造了比传统教学更大的教学价值。

四、初中化学特色课程群

（一）课程群描述

1. 学校育人目标

围绕"培养什么人、怎样培养人、为谁培养人"这一根本问题，学校以"有理想，肯奉献，有学识，勇担当"为育人目标，在初中化学课程群建设中实现"唤醒潜能，慧育英才"的办学理念，将立德树人的根本任务落到实处。学校坚持以社会主义核心价值观为引领、五育并举，专注于学生个体高质量发展，着眼于学生潜能的唤醒、开发与提升，促进学生全面、自主、个性化发展，培养具有共产主义理想，为中华民族伟大复兴奉献自己力量的人；培养具有扎实学识和创新能力，适应社会需要，勇于担当新时代赋予使命的人；培养德智体美劳全面发展的社会主义建设者和接班人，坚持为党育人、为国育才。

2. 课程群目标

"悦享"化学课程群在培养学生完成国家课程的基础上，开各种下课程，成为国家课程的有益补充。

为满足学生探索微观物质世界的好奇心,开设化学与物理跨学科课程"微观世界探秘",发展学生的科学思维,形成模型认知能力;为满足学生认识物质及其变化的求知欲,增强学习化学的兴趣,开设网络课程"生活中的化学"和实验探究课程"趣味化学魔术",使学生形成化学观念,增强实践能力,解决实际问题;为满足学生认识医药、营养等与化学的重要关系,开设化学与生物跨学科课程"化学与人体健康",使学生从物质变化的角度认识化学对人体健康的重要作用,发展科学思维,强化创新意识;为满足学生认识化学学科发展的学习需求,开设"化学趣味发展史",使学生认识化学在促进人类文明发展过程中的重要作用,厚植爱国情怀,形成责任担当。

课程群旨在培养学生形成化学观念,解决实际问题;发展科学思维,强化创新意识;经历科学研究,增强实践能力;养成科学态度,具有责任担当的课程培养目标,与学校"有理想,肯奉献,有学识,勇担当"的育人目标相辅相成,落实立德树人的根本任务。

(二)课程群的主要特色

1.国家课程的完善与补充

以国家课程为课程群建设的主线,从中筛选出多个与学生密切相关的、可外延的生产生活热点问题及学生兴趣焦点问题。

"微观世界探秘"跨学科课程的开设,满足了学生的对微观世界探索的求知欲,使学生在更广阔的认知背景下了解物质结构与变化,培养了学生宏微结合、模型认知的科学观念;"化学趣味发展史"则是从将系列化学家的科研故事与国家课程教材中的内容有机结合,从人文和科学的角度让学生感悟化学的研究思路和一般方法,了解化学对人类的贡献,化学家的成长和科研经历对个人的成长的启迪,感受化学工作者的献身精神和社会责任感;"生活中的化学"是学校初中化学综合实践活动课程体系下的一门研究性学习网络课程,通过网络自主研修使学生认识到化学与抗疫、化学与食品安全、化学与植物生长的重要关系,培养学生的科学态度与责任担当;"趣味化学魔术"实验探究课程,使学生通过趣味化学实验活动,探究物质的反应规律,学习科学设计实验的方法,理解科学探究的本质。"化学与人体健康"是化学与生物跨学科课程,使学生认识化学在人体健康中的重要意义和价值,珍惜生命与健康。

2. 满足了学生的好奇心和求知欲,激发学生学习化学的兴趣

"悦享"化学课程群的开设,满足了学生对生活生产及社会热点问题从化学层面进行解读,培养学生以化学学科视角分析和解决实际问题,创设真实的教学情境,让学生更有学习化学知识的兴趣。

3. 进行跨学科学习,促进学生形成自然科学的学科观念

化学是物理在微观层次的简化和近似,物理与化学两大基础学科相结合,形成了自然科学的轴心,生物是这个轴心上的应用与延伸,三大学科形成了自然科学的基础。我们在教学中不能割裂三个学科中的联系,要进行学科融合的跨学科式教学,使学生在科学思维与观念上更加全面与饱满,认识科学的本质。

4. 课程学习方式的特色

线上线下的网络课程使资源利用最大化,学习更灵活,教学更具有个性化,是常规课程的有益补充,逐渐形成深度学习的自主研修课程。"化学趣味发展史""微观世界探秘""化学与人体健康"是自主研修课程,通过自主学习,培养学生主动发展的能力,形成良好的学习品质、充分的自信心、创造力和好奇心,形成深度学习。具有化学学科特色的实验探究课程,如"趣味化学实验"是以实验探究课的形式开展的,通过趣味实验探究,提高实践和探究能力。

（三）课程群的实施成果

1. 使国家课程更加具有完整性与延伸性

"悦享"化学课程群是在国家课程为轴心的基础上,聚焦学生的关注热点而延伸出来的教学补充课程。该课程群的开设使学生在学习国家课程的基础上,从指向学科认知角度完整初中化学知识体系,使学生在享受化学学习乐趣的同时形成化学观念,解决实际问题;经历科学探究,增强实践能力;养成科学态度,具有责任担当。

2. 提高了学生学习化学的兴趣,培养了学生的学科素养

"悦享"化学课程群中课程内容的设置是围绕学生感兴趣的社会生产生活、

生命健康等问题展开的,学生有兴趣。课程评价的设置也合理可测,做到了"教—学—评"一体化。

3.提高了教师教育教学能力与专业水平

通过网络课程、实验课程、自主研修课程的编写与实践,教师们的教育教学水平得到了提高,形成教学相长的良好循环。

第二节
慧融教研：助力教师专业发展

为创新教研方式，实现教研部门在基础教育教学改革发展中的研究、指导、服务的职能，搭载"教师工作坊"、微信工作群和腾讯会议等在线工具，采取线上线下相融合的"慧融教研"模式，组织教师听课、研讨、交流等教研形式。通过线上线下的专家引领、课题研究、观摩课展示、微课共享、研制模拟试题，提升教师的教学理念和专业化成长，"慧融教研"模式为教育教学改革实践提供了可借鉴的经验，也为信息化在教育的深度融合释放出更多的潜能。

为坚持立德树人的根本任务，创新教研方式，实现教研部门在基础教育教学改革发展中的研究、指导、服务的职能，采取"慧融教研"的新形式组织教师听课、研讨和交流，在一定程度上提高了教研质量，提升了教师的专业化水平。"慧融教研"是以促进教研高质量发展为核心，以助力教师专业成长为宗旨，形成线上与线下、教与研相互融合的教研新形式。"慧融教研"中的"慧"是指先研后教、以教定研、理念提升的教研过程；"融"是指线上、线下优势互补，深度融合。通过搭载"杨教师工作坊"、微信工作群和腾讯会议等在线工具形式，形成可持续的在线教师培训体系，促进教研高质量发展。"教师工作坊"公众号中随时可用的教研资源、学习资源、课题研究资源为教研和教学提供了方便。

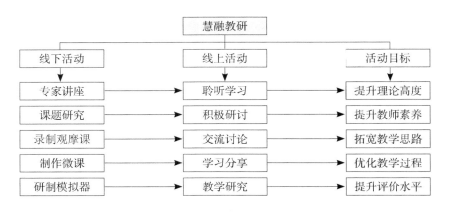

图 8-1 "慧融教研"模式

一、线上线下专家引领，助力教师理念提升

信息化时代催生着教育的巨大变革，教师的专业化发展牵系着教育的未来。在当前情况下，线上、线下的混合式学习将成为常态。相比传统教研，线上教研有短板，但也有着明显的优势。在云端我们利用腾讯 APP 和公众号"教师工作坊"，共同开启线上线下相融合的教研模式对教师进行专家引领。

（一）在线读书提高教师的专业化素质

为了更新教师的教学理念，我们进行了"互联网+"的在线读书每日研修活动，在近一个月的每日研修中，教师自主研读了多篇教育教学文章，如王磊教授的《义务教育化学课程标准课程内容的修订重点》和《义务教育化学课程标准整体解读》、余文森教授的《推进核心素养导向的教学改革》等，教师在线讨论积极且深入。

如在学习余文森教授的《核心素养导向的课堂教学》一书时，教师总结出课程方案对深化教学改革的四个重点内容。在教学目标上，强调从知识本位走向核心素养本位，确立基于核心素养的教学目标；在教与学的关系上，强调从以教为主走向以学为主，建立以学习中心的课堂；在学习方式和路径上，从凸显"坐而论道"到强调学科实践，构建实践型的育人方式；在知识内容上，强调从知识点教学走向大概念教学，立足知识统整，推进大单元、大主题教学。通过对这四个层面的探讨和初步实践，教师提升了育人方式，为落实新课标指明了方向。

（二）线下面对面交流提高教学水平

线下，我们聘请了天津市教育科学研究院的课程研究中心专家先后为我们做了《基于核心素养的化学教学学生学习水平的研讨》《明势·取道·优术》《素养导向的大单元复习课教学设计》等十余场专题讲座，教师在现场与专家面对面进行交流，形成良性互动。很多教师认为，与专家面的交流解决了自己在教学中遇到的迷茫与困惑，改变了教学方法和思路，也改变了教学理念，形成以研促教的良性发展。

二、线上线下课题研究，激发教师研究热情

课题研究是教师专业成长的需要，是教师培训学习的方式之一，是教师自我发展、自我提高的基本方法。开展教育科研实际上是教师在更高的水平层次上进行教学活动。教师从强化日常教学中蕴涵的科研着手，以教定研，以科研的思路审视教学过程，发现问题、思考问题，形成解决问题的策略，并通过教学实践使其得到验证与完善，从而使教学工作逐步向最优化方向发展，同时也使自身的素质得到提升与飞跃。通过课题研究来解决教学中的困惑与迷茫，使教师对课题研究工作充满热情，自觉学习理论，更新教育观念。以科研带教研，以教研促教学，提高了教师自身的科研素养，使教师的教学从"经验型"转向素质教育的"科研型"。

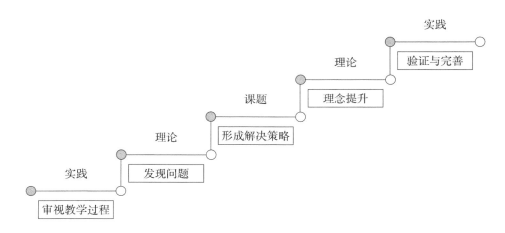

图 8-2　教师参与课题研究的思维路径

中学化学课程是九年义务教育的基础,其目的在于引导学生认识化学对生产、生活、技术、社会、环境、能源、资源等各方面产生的重要影响,激发学科创新意识,提高实践应用能力。围绕发展学生核心素养进行有效教学为核心,我们建立了线上微信研讨群,以经验分享、知识探讨、论文推介等形式开展研究。在教学实践的基础上,开展了"基于发展学科核心素养的中学化学有效教学策略研究"的研究课题。教师在线上积极研讨,我们还聘请专家利用腾讯会议 APP 对课题组成员进行培训和学习。

为了促进教师尽快适应课程改革发展的需要,提高对化学"核心素养"的认识,我们组织教师们进行定期教学研讨,进行基于发展学科核心素养的同课异构活动,以研促教。我们组织了第六单元课题 1 "金刚石、石墨和 C_{60}"的同课异构,形成了具有效率意义的特定的教学方案。通过课例研究的方法,全区中青年教师参与研课活动,总结提炼有效教学模式和策略,从课程、学科、教育、教学的视角思考化学核心素养教育的目标、内容、途径、策略等基本问题,最后打磨出两节精品课,进行了市区级展示。在课例研究过程中,促进了教师的专业发展,全面提升了化学教学胜任力。经过课题研究,归纳得出基于发展学科核心素养的中学化学有效教学方法,在现有课程框架下,探索出以课程标准为依据,以学科教学为基础,落实培养学生核心素养的有效途径和策略。

以课题引领全区化学教研,将发展学生核心素养与中学化学课程、教师培养融为一体,以化学教师为主体,建设丰富多样、与时俱进、动态更新的中学化学课程资源。课题的研究也有助于教师形成科研意识,激发科研热情。通过课题研究获得的教学成果以示范教学、专题讲座、论文发表等方式推广,扩大教育实践范围,使更多学生受益。

三、线上线下观摩课展示,提升教师综合水平

观摩课是探讨教学规律、研究教学方法、推广教学经验的一种以研促教的教研形式,也是教师课堂教学水平自我提高的重要途径。新老教师共同观摩研课,可以提高新任教师的课堂教学能力。新任课教师或实习教师观摩优秀教师的现场教

学，能锻炼新教师分析课的能力。富有教学经验的教师观摩实习教师或新教师的现场教学，肯定其成绩，指出其缺点，能帮助新教师提高教学水平。

利用"教师工作坊"公众号，教师在线下把自己的课录成视频，然后发布到公众号上。我们组织全区教师利用腾讯会议 APP 进行线上研讨，由任课教师进行说播课，阐述自己的教学设计和意图及教学反思，最后教师们再进行交流研讨。

在示范课观摩活动中，执教教师能通过专业的教学艺术行为表达出对教学本质和教学规律的认识，以及他们的课堂理念。中国教育学会组织的"初中化学课堂教学展示与观摩活动"具有较高的示范和引领作用，我们把初中化学课堂教学展示与观摩活动的示范课搭载在公众号上，组织教师随时学习，并应用腾讯会议开展针对观摩课的评课活动。通过研讨优秀示范课，教师能够学习先进的教学方式方法，弥补自身教学的不足。

我们通过公众号、教学沙龙、微信交流群等方式，努力让全区教师参与到观摩课的研讨和示范中来，每一堂线上分享的观摩课都能引发观摩教师的思考和回味。通过示范课的研讨，打造执教教师自身的文化学识、生活阅历、认知结构、阅读视野、教学经验以及教学艺术天赋，使教师把教学理念深入到课堂教学的每一个细节当中。

四、线上线下微课共享，优化教与学的过程

微课是微型课程的简称，是教师针对某个知识点或教学环节组织起来的相对独立与完整的小规模课程。以视频为主要载体，微课呈现教师在课堂教育教学过程中，围绕某个知识点或教学环节而开展的教与学活动的全过程。疫情期间，教师们普遍采用线上教学平台开展网络直播课堂教学。微课容量小、目标明确、相对独立、范围广泛、内容灵活的特点使之成为线上教学的良好补充。我们积极组织初中化学骨干教师录制了初、高中共 12 个单元，34 个课题的微课和实验小视频，根据微课课型的特点，以课题为单位，构建了线上学习资源。教师们积极参与，互相指导，建立起资源库。视频资源搭载公众号，不占手机内存，点击可重复播放，操作简便、内容全面、环节清晰，优化了学生的学习途径。视频的编辑与录制，也为青年教

师专业成长提供了历练的机会,优化了教与学的方法和过程。

五、线上线下研制模拟试题,提升教学评价能力

考试命题的过程是教师逐步分析、研究和深层次把握教材的过程。在中考前,区内的每所学校命制一套中考模拟试题,教师和学生可以随时下载使用并进行网上交流。

在试题的研制过程中,教师深入了解教学实际,学习和运用各种教育科研方式,排疑解难、拓宽知识面,模拟试题的命制提高了教师的教学评价能力。在试题的设计环节,教师经过对学生能力的了解、学情的分析和知识内容的研究,命制出不同难度的能客观评价学生水平的好试题。

以课题研究、理念提升、教学实践为基础,融合线上线下多种形式的"慧融教研",为教育教学改革实践提供了借鉴。在重塑未来教育生态的进程中,教育有可能更加精细化、定制化、个性化,课堂会变得更具有挑战性与创造性,教育的时空限制将会被进一步打破,教育数字化转型是通向未来教育的必经之路。我们要提升教研工作在数字化转型中的胜任力,在促进信息化与教育深度融合中释放更多的潜能。

第三节
仿真实验：优化教育教学生态

人教数字教材具有规范化、平台化和媒体化的特点，是教师开展数字化教学的重要资源。人教数字教材具有教学所需的常规备授课工具、学科特有的化学实验工具、适配多种智能终端及交互系统，在进行大单元教学中有利于教师进行教学创新，使学生养成科学的态度，具有责任担当意识。

一、依据最近发展区，构筑数字资源的大单元教学体系

最近发展区理论是由苏联教育家维果茨基提出的儿童教育发展观。他认为学生的发展有两种水平：一种是学生的现有水平，即独立活动时所能达到的解决问题的水平；另一种是学生可能的发展水平，也就是通过教学所获得的潜力。两者之间的差异就是最近发展区。教学应着眼于学生的最近发展区，为学生提供带有难度的内容，调动学生的积极性，发展其潜能。教师根据学生的思维水平，设置符合学生最近发展区的大单元教学内容，帮助学生建构科学、技术、社会、环境的相互关联，形成对促进社会可持续发展的正确认识。

华东师范大学崔允漷教授对大单元教学进行了研究。他提出了大单元的教学要有三个步骤：第一，研读本学期教材的内容逻辑结构，分析学生的认知水平，利用可得到的课程资源，确定本学期的单元数等。第二，依据学科核心素养和教学内容设计大单元内容及名称。第三，学科核心素养与大单元进行关联，按照不同任务（或观念、项目、问题）的逻辑，将知识内容结构化。利用人教数字教材，教师对视频、图片、动画、阅读资料等进行整合，形成大单元自主学习内容，寓价值观引导于知识传授和能力培养之中，使学生在学习活动中形成正确的世界观、人生观和价值观。基于人教数字教材的大单元知识内容的构建，在培养学生科学态度与责任

的素养上起到了"部分大于总和"的效果。

九年级"物质的结构"这部分知识内容抽象、覆盖面广、逻辑性高,作为人教数字教材化学学科教学应用团队成员,在运用人教数字教材教学过程中,在教材数字资源整合的基础上,进行大单元教学设计的实践,获得了较好的教学效果。依据学生的最近发展区,教师进行大单元教学设计,使学生形成对物质世界的好奇心、想象力和求知欲,在知识学习的基础上,使学生逐步形成对化学促进社会可持续发展的正确认识,培养学生的责任担当。

首先分析学生的最近发展区。学生的抽象思维能力有一定的欠缺。九年级学生正处在青春发育期,大脑的抽象思维水平还在不断完善,对于微观粒子的接触只停留在物理课对分子的认识层面。学生从微观角度认识和分析物质的性质有一定难度。从分子、原子的角度分析物质是化学的学科特点,学生们基本没有从微观视角分析和解决问题的经验,用分子和原子的观点分析物质的性质会存在一定的难度。学生从微观角度给物质进行分类存在知识和能力上的缺陷。学生一般是按组成对物质进行分类,从溶液的导电性出发,以微观角度对物质进行分类,学生学习起来会有一定的困难。鉴于学生最近发展区的现状,依据课标,教师可以设计名为"微观世界探秘"的大单元教学内容。

整个单元设计分成六课时,第 1 课时探秘分子与原子,第 2 课时原子结构探秘,第 3 课时探秘核外电子排布与离子,第 4 课时探秘水分子结构,第 5 课时金刚石、石墨和 C_{60},第 6 课时探秘溶液的导电性。

搭载数字教材,在认识分子与原子的过程中,形成学生的科学态度,养成责任担当。例如,"微观世界探秘"单元中的第 5 课时金刚石、石墨和 C_{60} 的教学设计,如下图。

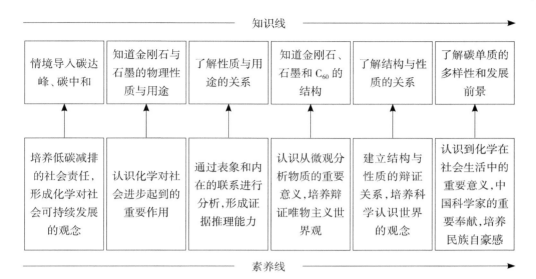

图 8-3　教学设计

　　为引导学生自主探究金刚石和石墨的物理性质和用途，教师整合人教数字教材的视频资源，通过学生自主学习，分析归纳出视频中的关键信息，引导学生认识物理性质与用途的关系，认识到化学对人类生产生活的重要作用。利用数字资源，教师为学生提供了分析元素单质的微观和宏观视角，学生通过自己对视频资料总结和归纳，进行小组讨论，使学生学会探究元素单质物理性质的方法，体会自主学习的过程及其带来的成就感，培养学生证据推理和模型认知的学科素养。

　　整节课教师提出"为什么同为碳元素组成的单质价格差别这么大""金刚石与石墨的物理性质为什么差别这么大""物质的性质和用途的关系是什么"三个关键性问题。教师结合人教数字资源，直观地展现出结构、用途和两者的联系，引导学生解决这些问题，由表及里深入到问题的本质，使学生能较快理解物质结构、性质和用途的关系，通过关键性问题的解决，使学生掌握问题的本质。人教数字教材中的"练习与应用"部分，每个习题不仅设计了答题的位置，还对学生的答题情况作出实时评价。

　　本节课的课堂反馈，学生利用拖拽选项填空的方法，增加了趣味性和直观性。利用人教数字教材的学科工具进行学生答题的课堂挑战赛，不仅反馈学生的知识掌握情况,还使评价更具有趣味性,通过擂台赛的方式让学习不再枯燥。课堂的及时评价与反馈,体现了"教—学—评"一体化的新课标理念,把数字教材变为"活课程",运用人教数字教材的全程测评,真正实现"立德树人"的终极目标。在教学过程中,教师利用数字教材的内容对学生进行素养教育,让学生感受到科学研究的艰辛历程,培养科学态度与社会责任这一化学学科核心素养,使学科教学与素养教育有机地融合在一起。

二、在核心概念形成的过程中培养好奇心探究欲

人教数字教材依托人教版义务教育教科书化学纸质版教材进行研发。纸质版教材是经过教育部审核通过的规范化教材,从学科素养角度看,突出体现了立德树人的育人目标,体现了学科知识与学科核心素养的有效融合。数字资源中学科发展前沿的阅读材料和视频、物质微观结构的模型、立体示意图、微观模型动画、有关化学物质用途的图片等丰富的数字化教学资源,使学生从分子、原子角度研究物质的更直观,更有兴趣,引用这些教学资源建构大单元知识体系,在知识体系形成的过程中,培养了学生的科学态度与责任。

在大单元"微观世界探秘"的教学设计中,单元核心概念是分子与原子,在第1课时探秘分子与原子中,人教数字教材提供了品红溶于水的实验视频,学生对从微观角度解释品红分子和水分子的混合提出疑问,激发学生对分子和原子的好奇心和探究欲。数字教材上苯分子和硅原子微观图片直观展示了分子与原子的微观特征,使抽象思维显像化。氧化汞分解和氯气与氢气反应的微观动画视频,为学生形象地展示了化学变化的微观本质,即化学变化是分子破裂成原子,原子重新结合成新分子的过程。使学生有更加浓厚的学习兴趣,对分子、原子有进一步了解的渴望。

在第2课时原子结构探秘中,通过观察原子结构的图片及动画使学生对原子的构成有了进一步了解。

第3课时探秘核外电子排布与离子中,微观动画"离子的形成",使微观变化具象化,降低了学习难度,让学生更加感兴趣。

第4课时探秘水分子结构中，电解水实验视频客观地展示了水电解成氢气和氧气的过程，学生对这一变化充满好奇，数字资源中的水电解动画直观地解释了水电解的微观本质，使学生在了解分子原子的基础上，对物质发生化学反应时微观粒子的变化规律有了进一步认识。

第5课时金刚石、石墨和 C_{60} 和第6课时溶液的导电性，运用分子与原子的概念解决实际问题的教学，也是对分子、原子概念深入学习的内容。数字资源中有关金刚石、石墨的性质、用途的视频，学生表示非常感兴趣，教师再给学生展示数字教材中有关金刚石和石墨的立体结构动画，学生比较容易地就能探究出金刚石与石墨的碳原子空间排列方式不同，所以两者结构不同，物理性质就不同，使学生深入体会"物质的结构决定性质、性质反应结构"这一外在与内在的辩证关系。氯化钠溶于水的微观动画视频，让学生对"氯化钠固体溶于水消失不见了的疑问"从微观角度有了清晰的理解。

通过整合人教数字教材资源，教师把分子、原子这一核心概念逐渐建构起来，在整个单元的教学过程中学生充满了好奇心和探究欲，对抽象的微观概念逐步清晰明了。数字教材提供了大量的物质用途的视频与图片，以及科学家的探索过程，学生在物质用途的探究过程中参考这些数字资源，教师引导学生讨论与化学有关的热点问题，使学生建立起"绿色化学"观念和可持续发展的意识。

三、在实验探究中培养崇尚科学、克服困难的品质

受制于实验场地、设备、经费等硬件因素影响，教师有时不能给予学生实验锻炼的机会。学生在实际操作的实验的时候，效率低，时间和材料损耗严重。这些都是实验教学环节亟待解决的问题。人教数字教材提供了"化学实验"仿真实验室。仿真实验室具有较强的交互性和实操性，能增加实验成功率，缩短实验时间，节约药品用量，具有绿色化学实验思想。仿真实验室对环境、设备、仪器和试剂进行三维数字建模，创建了一个逼真的实验室环境。学生通过设定的实验步骤，以交互方式操作三维仪器设备、实验对象。完成整个实验流程。

在实验过程中，学生控制试管、滴管、烧杯、酒精灯等仪器，就如同在现实的实

验室中进行实验一样,获得生动直观的感性认识。学生通过设计实验,运用数字化手段进行实验再现,培养了他们崇尚科学、克服困难的品质。

大单元教学内容"实验室制取气体"是由第 1 课时认识常见化学仪器、第 2 课时取用药品、第 3 课时给物质加热、第 4 课时制取氧气、第 5 课时制取二氧化碳的探究五课时内容组成。利用人教数字教材丰富的资源,在第 1 课时里,教师展示各种常见实验仪器的图片和使用视频,通过观看图片和视频学生能快速认识仪器,并了解仪器的特点,掌握使用化学基本仪器的要领。

第 2 课时与第 3 课时是实验基本操作的知识内容。授课时为培养学生的实验探究能力,教师给学生布置实验任务,如取用一定量液体药品,加热 100 毫升蒸馏水等实验项目。学生通过设计实验,利用数字教材中"学科工具"栏目下的"化学实验"完成操作。利用数字技术,通过拖拽仪器实现仿真实验,使"化学实验"具有更正和评价功能,让学生的实验更加规范、标准。

在第 5 课时中,学生要进行二氧化碳实验室制取的探究。在教师的引导下,学生列出已学的所有能生成二氧化碳的化学反应,根据实验条件探究实验室制取二氧化碳的最佳反应原理,即石灰石或大理石与稀盐酸反应生成二氧化碳,该反应属于固体和液体常温进行的反应,根据反应实验原理和二氧化碳的性质,学生设计出固液不加热的实验发生装置和瓶口向下排空气法的收集装置。接下来利用数字资源进行实验验证,学生拖拽图片,组装成整套仪器,制取气体并进行验满和性质实验。

制取二氧化碳气体的实验设计,实验实施过程都是经过小组讨论探究产生的,实验中可以反复利用虚拟技术进行仪器的组装和连接,便于学生进行讨论,且安全环保。学生在课后还可以利用数字教材上的"练习与应用"进行实验效果反思与评价,通过数字教材的交互性进行自主学习。在整个大单元学习过程中,使学生逐步对化学实验有了更加深入的了解,在实验探究过程中培养了学生崇尚科学、克服困难的品质。

数字教材是时代发展的必然趋势,数字教材的使用也是学生学习的新方式,人教数字教材为教师进行中学化学大单元教学设计提供了丰富的资源,让零散的知识系统化，并形成相互联系。学生对化学内容之间的内在逻辑关系更加明晰，提高了学习兴趣，以及学生自主学习的主动性。利用数字教材，特别是虚拟实验、微观动画及视频等资源进行教学，使教学形式更加多样，内容形象直观，过程更加生动，弥补了常规教学的不足，在概念的形成与科学探究过程中培养了学生的科学态度，形成责任担当。

第九章

追求卓越：大单元教学初中化学学习中跨学科应用的思考

以促进学生核心素养发展为导向的教学中，跨学科融合是培养学生综合能力的良好途径。通过开展跨学科探究活动，将知识转化为能力。随着新课程改革的不断深入和发展，越来越多的教师开始意识到跨学科学习对于学生全面发展的重要性，加上跨学科融合教学已成为教育发展趋势，这也是新课标明确提出的要求。如何将跨学科融合的教学模式应用于实际教学中，成为教师必须要解决的问题。

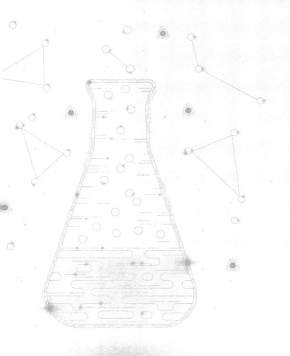

第一节
数学跨学科应用的思考

在学科融合前提下，如何把起始学科化学的化学世界尽快的展现在学生面前，数学起到了很大的作用。无论是从宏观微观的转化，还是综合复习时图像题目大单元融合的解题思路。在初中化学中，如何利用数学学科帮助化学学科，化学学习中继续培养了数学能力，通过学科优势，能够让学生增强信心，是笔者教学中的一些总结和思考。

提升学生学科素养，学生的能力要在解决问题中提高。初中化学知识琐碎，但是数学在化学中的应用既能体现学科融合，又能互相促进。从教这么多年来，对化学单科知识关注较多，数学和物理肯定有交集。在培养学生综合能力上，肯定是团体仗。正是学科的互相融合和渗透，凸显学科的重要性。深度学习下的大单元教学使学生真正的学会知识，跨学科的应用，跨学科的综合应用正是体现了这一点。在解决问题中不断深化和体会成就感，这才是学习的真正目的。静下心来，自己总结一下在教学中体会的数学学科在化学中的应用和体会，从以下方面阐述：

一、数字宏观认识化学世界

初中化学是起始学科，学生对化学的认识仅仅是化学两个字。那么这个世界该怎么呈现呢？书上给了我们各种各样的数据来宏观认识这个世界，用数字把化学世界呈现给大家。例如，空气的成分用各组分的体积百分数表示；例如，第三单元的元素一节中提到"我们自然界中有一百多种元素组成的几千万种物质都是有原子、分子或离子构成的"。还有各元素在地壳里的含量的饼状图，用资料卡片给学生展示生物细胞中的元素含量表格，表格在十二单元用柱状图表现出来。它们形象直观地把元素组成的化学世界表达出来。

第四单元对我国海水中的主要化学元素含量进行了展示,对全球水的总量和各种含量都进行了数字化的显示,对我国各地区人均水量用柱状图进行了列表。从而使学生感受到淡水资源的紧缺,真正发自内心的爱护水资源。

除此之外,第八单元提到纯金属有 90 余种,在十二单元维生素有 20 多种。碳元素形成的化合物最多等。这些数字把化学世界的简单和复杂充分形象地表现出来。

二、用数字形象抽象概念

(一)搭建宏观与微观的桥梁

微观世界的认识一直是学习化学的难点。在第三单元初次接触分子和原子的时候,学生们没有分子和原子的概念,很难理解到底这个粒子有多小。书中用数字进行了描述:通常分子的质量和体积都很小。例如,1 个水分子的质量约是 $3\times10-26kg$,1 滴水(以 20 滴水为 1mL 计)中大约有 1.67×1021 个水分子,如果 10 亿人来数 1 滴水里的水分子,每人每分钟数 100 个,日夜不停,需要 3 万多年才能数完。这样的描述将微观的粒子具象化,让学生体会到分子"小"的含义,对微观世界有了初步的认识。

(二)原理结合数字,初步形成化学式

化合价也是一个抽象的概念,可以从微观粒子的结构入手。分析原子的最外层的 8 电子稳定结构,初步理解化合价的意义。元素互相组成中利用元素化合价形成化合物。通过简单的数学计算,确定物质的化学式。化学式是学习化学的基础,掌握了化学式就掌握了化学世界的语言,为后面的化学方程式和化学反应打下基础。

(三)借助数形,理解酸碱概念及稀释后 pH 的变化

初中生对酸和碱的认识是从 pH 开始的。而初中的数学基础不能理解 pH 的由来,只是记住以 7 为界限,pH 小于 7 的溶液,显酸性,pH 数值越小,酸性越强。pH=7 的溶液显中性。pH>7 的溶液显碱性,pH 数值越大,碱性越强。我们借助数轴就可以轻松掌握。性质在数轴中间弱,向两端性质越强。结合加水稀释酸碱的问题,加水是让酸碱稀释,是向数轴的中间变化,酸加水稀释 pH 增大,碱加水稀释

pH 减小。用数学将抽象概念形象化，有利用化学概念的理解和应用。

三、用数学计算解决化学问题

中考化学中的相关数学计算题目也不少见。笔者总结近三年的中考题，计算相关的题目，分值在 20 分左右。而我们在平时的教学中常常关注以下几个方向的计算内容：

（一）化学式的计算和化学的综合计算

在试卷的最后两道题目中，第一道题化学式的计算和最后一道题化学方程式的综合计算，都是用数学方法来解决化学问题的典型题目。首先，是对化学式的构成、含义、元素守恒的考查，是基本化学素养的检测。其次，阅读题目，分析化学问题，并且利用质量守恒定律找到方程式的质量关系，用数学的比例式进行计算。

（二）化学守恒思想转化为数学计算

以 2021 年的中考化学第 15 题为例，能够看到元素守恒思想和数学计算的结合。如下列说法正确的是（　　）

A. 某氧化钙和碳酸钙的混合物中钙元素的质量分数为 60%，将 50 g 该混合物高温煅烧至固体质量不再改变，剩余固体的质量是 42 g。

B. 120 g 尿素 $[CO(NH_2)_2]$ 与 150 g 硝酸铵中氮元素的质量相等。

C. 用含氧化铁 85% 的赤铁矿石 160 t，理论上可炼出含杂质 3% 生铁 80 t。

D. 现有氢氧化钾和氯化钾的混合物 20.5 g，向其中加入 100 g 质量分数为 3.65% 的稀盐酸，恰好完全反应，则原混合物中钾元素的质量为 11.7 g。

A 选项中化学原理的元素守恒，转化成数学计算，利用钙元素守恒，列出钙和氧化钙的关系式，求出剩余氧化钙的质量。B 选项是氮元素守恒，列出氮元素相同时尿素和硝酸铵的关系，转化为关系式计算。C 选项中其实是铁元素守恒，列出铁和氧化铁的比例式。D 选项中找到氯化钾和盐酸中的氯元素守恒，列出盐酸和氯化钾的比例式。化学的守恒思想和数学的比例关系结合到一起，简化了化学问题和计算过程，互相成全。

（三）数学坐标系的应用

初中化学典型的数学坐标系的应用首先是溶解度曲线。溶解度曲线以温度为横坐标，溶解度为纵坐标，将物质在不同温度下的溶解度绘制成为一条曲线。通过理解溶解度曲线的点、线、面的含义，解决物质溶解度和溶液溶质质量分数变化的问题。首先，关注横纵坐标。明确横纵坐标的关系，才能做出正确的判断。其次，关注起点、拐点、终点。通过坐标系反映化学反应，根据坐标系的特点，解决化学问题，是数学和化学结合的典型例子，也是复习阶段综合教学的内容。

四、数学化学，互相借力，互相促进

在平时的教学过程中，教师可以借力打力。比如，有学生数学成绩优异，就可以用数学鼓励学生，化学中也有计算题目，学生可以利用数学优势，化学一定能够学好。对于数学薄弱的学生，暗示他们化学中的数学只是基础的水平，不必担心，建立他们学好化学的自信心。正确的思维模式可以激发学生的全部潜能，并激励他们实现个人目标。作为初三的起始学科，学生要充满信心的去进行化学学习，就已经成功了一半。

以上几点是笔者在教育教学过程中体会到的数学在初中化学中的应用和融合。在初中化学知识碎片化的状态下，希望能够找到学生已知学科知识的线，对知识进行整合，促进新的学科的学习。

第二节
物理跨学科应用的思考

初中化学和物理是两门密切相关的科学学科,它们在许多方面有着交集和互相补充的关系。在化学学科中,物理知识的应用起到了重要的引导作用,为学生更好地理解和应用化学概念提供了基础。那么,中学化学和物理有哪些交集呢？对物理知识在初中化学中的应用进行了总结,并且分析了物理知识在化学中如何起到引导作用的。

《课程标准》中,明确提出了五个主题中的"化学与社会·跨学科实践"的主题。在义务教育以促进学生核心素养发展为导向的前提下,学生将现有学科的相互融合和应用,通过这种融合,达到学科间的相互促进和巩固提高。"理化不分家"的老话,在初中化学学习中尤其适用。根据自己的教学经验,在与物理教师的合作中,对物理在化学学习中的应用有以下几点思考。

一、初中物理知识与初中化学知识交集

根据经验,将物理和化学有交集的知识简单列表如下：

表 9-1　初中物理和化学的知识交集

关联知识	物理知识（学习时间）	化学知识（学习时间）
物理变化与化学变化	物态变化 （八上第三章）	物质的变化和性质 （九上第一单元）
质量与密度	质量与密度 （八上第六章）	走进化学实验室 （九上第一单元）
大气压强	压强（八下第九章）	我们周围的空气 （九上第二单元）

续表

关联知识	物理知识（学习时间）	化学知识（学习时间）
分子、原子	内能 （九年级第十三章） 电流电路（第十五章）	物质构成的奥秘 （九上第三单元）
热量	内能（九年级第十三章、十四章）	燃料及其利用 （九上第七单元）
导电	电流和电路（九年级第十五章）	金属材料 （九下第八单元）
探究方法	八上（第二章）	金属资源的利用和保护 （九下第八单元）

二、对比中认识化学世界

（一）化学世界，从物理开启

初中化学的学习，从物理变化和化学变化的区别说起。九年级第一单元课题1"物质的变化和性质"中，通过学生熟悉的水的沸腾和液化的物理实验，引入物质状态变化，从研磨胆矾的引入形态变化，引入了物理变化的定义。从而得到结论：没有生产其他物质的变化叫做物理变化。这种生产其他物质的变化叫做化学变化，又叫做化学反应。通过与物理变化对比，引出化学变化的本质是有新物质生成，从熟悉的物理现象入手，逐步引导学生初步认识化学世界。

（二）认识物质，理化同行

了解了化学是一门怎样的学科，在课题1中同时提出了物理性质和化学性质的含义。这就指导了我们以后研究物质的化学角度——结构之外的性质：物理性质和化学性质。在物理中已经了解了密度、熔点、沸点等物理性质的含义，对于我们认识物质起到了引导的作用。

通过教学笔者也不断体会到，学习新知识，就是在已有的认知经验上的不断深入、不断复习的过程。物理就是化学的引路人，在认识物质世界时，用八年级已经学过的物理实验、物理性质引导学生进入化学世界。学生在比较中体会到，从化学角度了解某种物质，就是从结构、物理性质、化学性质方面去认识，为以后研究物质提供了方法。

（三）辨析比较，明本质

虽然化学入门都和物理相关，但是基础物理研究的是物体，化学研究的是物质。宏观辨析，理解研究对象的不同。例如，机械运动，物理研究的是物体的整体运动，与化学的物质间变化是不同的。通过比较，可以更明确化学研究的是物质的结构、性质、组成、变化规律等。微观探析，对分子和原子的深度分析，可以更好地理解宏观变化。

三、物理原理支持，打开化学之门

物理中的很多原理，在化学中得到应用，起到了承上启下的作用，降低了学生对化学的陌生感。这些物理知识的应用，既起到了巩固物理知识，又提升了化学知识，发挥了学科融合的良好作用。

（一）大气压强的应用

九年级化学的第二单元课题1 "空气"就是利用大气压强原理探究了空气的组成。拉瓦锡利用汞和氧气反应，导致钟罩内压强减小，而环境大气压不变，钟罩内液面上升。改进后的红磷实验，红磷消耗氧气，集气瓶内的压强减小，水进入集气瓶，进入的水的体积就是消耗的氧气的体积。利用大气压强的原理，容易测出氧气在空气中的含量，将我们看不到的氧气具象化，为认识化学世界，提供了基础原理的支持。

化学实验中，在排水法收集人呼出气体时，利用了大气压强的原理。检查装置的气密性，利用了装置内压强变化的情况来判断装置是否漏气。加热固体药品制取氧气排水法收集气体时，要先将导管移出水面，再熄灭酒精灯，也是利用了压强的变化，防止试管内压强减小，大气压将水压入热的试管，导致试管炸裂。第九单元中，气体溶解度的影响因素中涉及压强对气体溶解度的影响。这样与生活结合起来，例如，为什么阴天时鱼会浮出水面？大气压强的原理在化学的题目中有重要的应用。例如，第四单元课题3的电解水实验、第五单元课题1质量守恒定律的探究方案中都设计了平衡内外压强的装置。电解水实验中连接胶管的漏斗在电解水过程中液面上升。红磷燃烧实验中的气球是燃烧时防止气体膨胀,压强过大。

(二)分子原子的再认知,强化化学观念

在九年级物理的"内能"的课题中,已经对物质的构成进行了学习。和笔者合作的物理教师已经讲完了分子和原子的概念了。当笔者讲这些内容的时候,先复习物理学习过的性质,再补充化学的内容。让学生更能体会到学习就是在已有基础上的提高,不容易产生抵触的情绪。这样的巩固提升,对宏观微观化学观念的形成起到了很大的促进作用。

(三)电学知识,点亮化学

在电解水实验中,用到了直流电源。要向水中加入稀硫酸或者氢氧化钠,增强溶液的导电性。通电后,连接电源正极和负极的电极上分别产生氧气和氢气。实验让学生初步认识了电能转化为化学能的过程。化学以实验为基础,以现象为载体,深入分析其中的原理,建立科学的思维模式。

金属的导电性是物质的物理性质,九年级物理讲了电学的相关内容。在化学酸、碱、盐溶液的导电性讲解时,导电性实验的灯泡的亮和暗揭示了微观状态下溶液的构成,有利于学生形成正确的化学观念,使微观变化宏观化,连结了物理和化学的学科知识,同时融合了能量和物质的转化观念。在电学的基础上,学生利用电学知识会连接实验装置,自主观察现象,依据现象得出结论。同时,感兴趣的学生深挖内涵,为高中的继续学习打下了基础。

四、方法迁移,共育能力

物理中学习过的探究方法,可以直接迁移到化学中来。对问题的探究过程,融合化学的专业内容,完善实验探究的步骤。从化学学科视角对问题进行思考。例如,"控制变量法"在物理中已经学习过,而控制变量法是化学中常用的探究问题和分析解决问题的方法。例如,探究铁生锈的实验:铁生锈的条件。分析铁与氧气和水接触,铁只与水接触、铁只与氧气接触,控制氧气和水两个变量的情况,分析实验现象。得到最后的结论:铁生锈的条件是与氧气和水同时接触。

五、理化联合，共育科学态度与责任

九年级化学第六单元课题 3 "二氧化碳和一氧化碳"中明确提到了二氧化碳的温室效应。在九年级物理第十三章第二节 "内能"的科学世界中，从物理角度解释了地球的温室效应。从而可以看出，物理的宏观原理以及化学物质的具体分析，对温室效应这个环境问题的重视。反映出两门学科在培养学生养成科学态度方面，具有责任担当的共同目标的努力。

在物理和化学中，都有关于能源的内容。九年级化学第七单元课题 2 "燃料的合理利用与开发"中，对能量进行了讲解，了解了化石燃料和新能源。九年级物理的第二十二章 "能源与可持续发展"中，对能源进行了概述，尤其讲解了核能、太阳能以及新能源的应用。

科学是把双刃剑，不合理地利用科学技术，会对人类带来无尽的灾难。在追求高效、便捷的今天，物理、化学共同承担着教育学生要理解科学、技术、社会、环境相互的关系，培养学生形成化学促进社会可持续发展的正确认识。

在以培养核心素养的教学方针指导下，了解其他学科的内容，在教学过程中可以对别的学科的内容进行简单处理，这样可以节约时间。在多学科融合的前提下，更有利于培养孩子综合思考问题，形成科学思维，更完整的认识学习过程。经历科学探究，学科间的融合，可以全面的认识世界。同时体会学习是一个终身的事业，我们要不断学习、不断收获。

以此共勉。

附 录

案例探析：初中化学大单元教学设计
——微观世界探秘

　　大单元"微观世界探秘"的内容结构设计包含了第三单元物质构成的奥秘中分子、原子、离子和原子结构及核外电子排布的知识内容，第四单元水的组成，第五单元化学反应的微观解释，第六单元金刚石、石墨和C_{60}的结构、性质与用途，第十单元、十一单元中溶液的导电性及酸、碱和盐的定义。从人教版九年级《化学》上下册中抽取这些与微观结构相关联的知识内容，以分子、原子的概念为主线，学习探究物质构成的方法，并运用微观粒子的知识解释多种碳单质的物理性质之间的差异，了解物质的多样性，再通过物质的微粒观解释溶液的导电性，理解离子角度定义酸、碱、盐的概念。

第一节
微观世界探秘教学设计

一、单元内容

（一）新课标在课程内容上对本单元的要求

初步形成基于分子、原子认识物质及其变化的视角，建立认识物质的宏观与微观视角之间的关联，知道物质的性质与组成、结构有关；知道物质是由分子、原子等微观粒子构成的；认识原子是由原子核和核外电子构成的；知道原子可以结合成分子，也可以转变为离子；通过科学史体会科学家探索物质的组成与结构的智慧，知道可以通过实验、想象、推理、假说、模型等方法探索物质的结构；初步学习利用物质的性质和化学反应探究物质组成的基本思路与方法。

能说明分子、原子、离子的区别和联系，能用分子的观点解释生活中的某些变化或现象；能基于真实情境，从原子、分子的视角分析有关物质及其变化的简单问题，并做出合理的解释和判断。

（二）落实新课标要求的方式

教学策略上，结合学生熟悉的现象和已有的经验，通过实验探究模型拼插的活动或动画模拟等可视化手段，充分发挥学生的想象力，引导学生从分子、原子等微观视角认识物质及其变化，帮助学生建立宏观与微观间的联系。利用科学家探索原子结构的科学史实，及学生根据实验现象学习运用类比推理模型等思维方法，认识原子的结构，了解科学家，严谨求实的科学态度，增进对科学本质的理解。基于"宏观—微观—符号"多重表征设计学习活动，促进学生形成化学思维方式，引导学生认识物质的组成、结构与性质之间的关系，并对酸、碱和盐从微观结构上进行分类。

在教学情境上，不同尺度的微观粒子的展示，布朗运动、扫描隧道显微镜、原子操控技术，及简单的物理变化、化学变化的微观图示。人类对物质结构的认识的发展,科学家对分子、原子的认识历程,卢瑟福阿尔法粒子散射实验史实,科学家探究水的组成的科学史实。通过物质的物理性质及化学性质外显微观粒子的存在及微观粒子的特征。

（三）编者意图

从教学理论方面,教材以教育科学理论为指导,积极贯彻国家课程改革的精神,落实《义务教育化学课程标准（2022年版）》,发展了学生的能力与素养,为教师进行创造性教学,提供素材空间,也为学生的化学探究活动提供展示的舞台。

从教学内容方面,使学生认识我们身边的常见物质,如水、空气等,让学生构建科学的物质观;让学生了解分子、原子、元素等概念,使学生形成一些最基本的化学观念;设计和完成一些简单的化学实验,使学生初步形成基本的化学实验技能。

九年级化学上、下册内容的选择,能体现学生在能力、知识和价值观方面的培养与塑造,使学生学会探究,学会通过观察和实验等方法获取信息,能解决一些简单的化学问题,能与他人进行交流讨论;使学生热爱祖国,了解化学与社会发展的紧密联系,增强环保意识,关注生命健康,并培养学生严谨的科学态度和合作精神。

（四）单元内容包括的知识结构整合

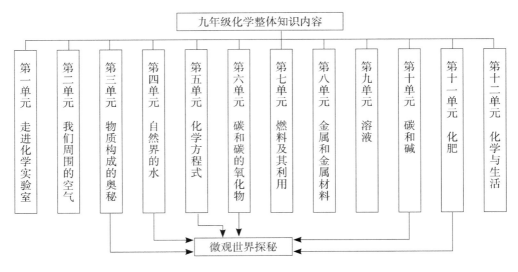

图1 九年级化学整体知识结构

整个大单元的知识体系围绕着核心概念——分子和原子展开,通过从粒子角度解决实际问题,使学生建立抽象的科学思维方法,培养学生宏观辨识与微观辨析的科学观念。在授课过程中介绍张青莲、曹源等科学家的奋斗经历,也对学生进行了学科思政教育,培养了学生的社会责任与担当。

（五）针对本单元进行的课程资源开发,不同版本的比较和利用

对比人教 2011 年版九年级《化学》课程标准和鲁教 2012 版九年级《化学》课程资源开发和利用。

二、课时安排

表 1　课时安排

课时	课程资源开发	人教课标版九年级《化学》（2011）和鲁教版九年级《化学》（2012）比较和利用	
		鲁教版九年级《化学》（2012）	人教课标版九年级《化学》（2011）
第1课时	1. 教师展示鲜花,苯分子和硅原子图片 2. 用滤纸、脱脂棉和试管进行分子运动的实验改进 3. 注射器压缩空气 4. 土豆遇碘酒变蓝	分子与原子的相关知识内容在"第一单元步入化学课堂第一节化学真奇妙"物质构成的奥秘中。鲁教版教材是以氢分子、氧分子模拟的微观图片,及用扫描隧道显微镜技术观测到的真实原子图片展开教学的。这些图片生动形象地阐明了物质确实是由微观粒子构成的,而且体积和质量非常小	介绍分子与原子的知识内容在"第三单元物质构成的奥秘课题1分子和原子"中。在这个课题中详细阐述了分子与原子的特征、定义及化学反应的微观本质,课程资源丰富。有品红溶于水的实验,还有浓氨水扩散的实验,以及部分分子的微观球形比例模型。这些图片的使用,使学生真实地感受到微观粒子的客观存在,认识到分子是不断运动的
第2课时	1. 古希腊学者德谟克利特对原子的臆想 2. 汤姆生发现了电子及其建立的"枣糕模型" 3. 卢瑟福 α 粒子轰击金箔的模拟实验视频展示	鲁教版原子的结构这部分知识在"第二单元探秘水世界第三节原子的构成"中。鲁教版较为详尽地展示了科学家探究原子模型的科学思维过程,教学资源丰富,内容充实	人教版该部分内容在"第三单元物质构成的奥秘课题2原子的结构"部分。课程内容简明扼要重难点突出,图形和表格的展示,使学生们对于原子的大小和原子核内质子数与中子数的多少都有了明确的认识,帮助学生们建构微观粒子模型

续表

第3课时	1. 学生绘画多电子核外电子的运动图 2. 氯化钠形成的微观动画视频	鲁教版这部分知识在"第三单元探秘水世界第三节原子的构成"原子中的电子中。课程资源以形象拟人化的手法描述核外电子的运动特征与离子的形成过程,使学生在学习的过程中感兴趣	人教版这部分内容在"第三单元物质构成的奥秘课题2 原子的构成"原子核外电子的排布知识板块内。教材内介绍的离子形成过程形象生动,学生能感受到学习的乐趣
第4课时	1. 天津七里海及海河的图片 2. 氢气吹肥皂泡实验	该部分内容在鲁教版"第二单元探秘水世界第二节水分子的变化"这一节中。课程资源中有电解水的实验,及微观水分子电解模型图,图形的使用,使微观抽象内容显像化,学生理解起来更容易。水在直流电作用下变化的实验,教材给了三个关键问题,引导学生进行深入思考,形成深度学习	该部分内容在人教版"第四单元自然界的水课题3 水的组成"中。这一节内容的课程资源有电解水的实验和水电解的微观示意图,及"水的组成揭秘"资料卡片。教师利用这些课程资源通过宏观实验,使学生感受到水发生了化学变化,引导学生从微观出发认识其分子是由氢原子和氧原子构成的
第5课时	1. 金刚石、石墨和C_{60}的性质与用途的视频资料 2. 中国少年科学家在石墨烯研究方面的贡献 3. 学生制作金刚石与石墨的手抄报 4. 学生自制油墨 5. 用2B铅笔芯的粉末开生锈的锁芯	鲁教版(2012年)六三学制的教材,在"认识物质性质的思路与方法"的课标内容要求中,没有用金刚石、石墨和C_{60}的相关知识进行引导。所以教材中没有金刚石、石墨和C_{60}的相关内容	该部分内容在人教版"第六单元碳和碳的氧化物 课题1金刚石、石墨和C_{60}"中,课程资源包括了金刚石和石墨的微观结构图,金刚石与石墨的用途及新型碳单质的资料卡片。利用这些课程资源学生们通过自主阅读和探究,逐渐建构起碳单质的结构特点,建立结构、性质、与用途的关系,形成深度学习
第6课时	1. 通过溶液的导电性做"旋转的液体"实验 2. 在教材原有基础上增加硝酸钾等溶液的导电性实验	该部分内容在"第七单元常见的酸和碱第三节溶液的酸碱性"中介绍。课程资源包括了酸和碱的性质实验,通过"活动天地""长话短说"归纳出酸和碱的定义。没有从微观分类的角度阐述酸和碱性质不同的微观本质。通过酸碱中和反应的微观图片给学生以酸和碱性质不同的视觉感受,突破教学难点	该部分知识在"第十单元酸和碱课题1常见的酸和碱"中介绍,课程资源包括溶液导电性的实验、酸和碱溶液的微观图示及相关视频动画。教师引导学生通过观察溶液导电性的实验和微观溶液离子图示,使学生逐步建构出酸和碱性质不同的微观原因,进而对酸和碱进行分类,通过逐步的探究形成深度学习

三、单元学情

（一）已知内容分析

通过课前评价反馈，学生学习本单元存在着以下问题：

学生的抽象思维能力有一定的欠缺。九年级学生正处在青春发育期，大脑的抽象思维水平还在不断完善，对于微观粒子的接触只停留在物理课对分子的认识层面，这一单元就要着重培养学生微观探析的素养。

学生从微观角度认识和分析物质的性质有一定难度。从分子、原子的角度分析物质是化学的学科特点，学生们基本没有从微观视角分析和解决问题的经验，用分子和原子的观点分析物质的性质会存在一定的难度。

学生从微观角度给物质进行分类存在知识和能力缺陷。学生一般是按组成对物质进行分类，从溶液的导电性出发，把物质从微观角度分成酸、碱和盐，学生学习起来将有一定的困难。

（二）已知学习方法

自主阅读相关资料或学习视频资源。如自主观看金刚石与石墨的视频资料，从视频资源中选取信息进行分析归纳，总结物质的物理性质与结构特点，并建立结构与性质的联系，在此过程中逐步形成深度学习。

自主设计相关的化学实验。如设计实验证明石墨的导电性、设计实验证明分子是不断运动的、设计实验证明水分子的结构等。通过设计探究实验、家庭小实验，使学生在实践与探究中提高对分子与原子的认识水平。

搜集网络资源，并对搜集到的资源进行分析、整理与归纳，在处理信息的过程中形成化学观念，发展科学思维，形成深度学习。

（三）突破学习障碍，了解本单元特点

本单元在学习内容上比较抽象，是学生从未接触过的微观世界内容，学生要学习分子、原子的概念，并运用分子、原子的概念解决实际问题。学生对物质的分析基本停留在宏观层面，但对于微观世界充满好奇心，有学习的渴望，在教学设计上教师设计真实的教学情境及化学趣味实验。如酒精与水的混合实验、氨气分子的

扩散实验、绘画原子核外电子运动图等,激发学生的学习兴趣,让学生在分析问题的过程中形成化学观念,突破学习障碍。

四、单元目标

1. 学生通过自主学习科学家认识原子和分子的过程,初步了解人类探索物质微观结构的重要成果,学会用分子、原子的概念解释物质及其变化,建立宏观现象与微观本质的联系,培养学生的科学思维与社会责任。

2. 学生通过对 α 粒子轰击金箔的模拟实验探究,认识原子的核式结构,了解原子核外电子的运动特征及离子的形成,培养微观探析能力。

3. 通过网络资料查找和自主阅读相关资料与观看视频,使学生初步认识金刚石与石墨的微观结构,并建构物质的结构、性质与用途的关系,从微观视角认识物质的多样性,形成科学观念。

4. 通过实验与讨论探究,学生能从微观视角对物质的成分进行分析,学会初步用微观认识解释宏观事实。

5. 通过自主搜集资料和归纳总结,以及实验探究,学生初步从微观视角解释溶液的导电性,并从微观角度对物质进行分类,形成宏观辨识与微观探析的学科素养。

五、达成目标

(一)达成任务的评价指标

表 2　达成任务的评价指标

评价目标	评级任务	评价标准	评价方式与评价工具
诊断学生对分子、原子的认识水平	能否根据实验建立起微观粒子模型;能否用微观粒子观点解决宏观实际问题	0分:主观臆断,不能建立起粒子模型,不能用微观粒子观点解决宏观实际问题 1分:能建立起微观粒子模型,但用微观粒子观点解决宏观实际问题不清晰 2分:能建立起微观粒子模型,能用微观粒子模型清晰地解决宏观实际问题	课前复习、课堂观察、实验探究、师生访谈

续表

评价目标	评级任务	评价标准	评价方式与评价工具
诊断学生探究物质结构的能力	能否根据科学实验探究物质的结构	0 分：主观预测。没有思路 1 分：能根据科学家的实验，认识到物质是由分子、原子构成的，但是建立不起相关联系 2 分：理解科学实验过程，能根据实验探究，正确推导物质的结构	课堂观察、单元任务单、实验探究、作业、师生访谈
诊断学生从微观角度分析物质的能力水平	能否从微观结构的视角，解释物质的性质，并建立结构、性质和用途的关系	0 分：对物质的微观结构认识不清，不能从微观角度解释物质的性质 1 分：能从微观角度认识物质的性质。能关注物质的结构性质与用途 2 分：能从宏微结合的视角解释物质的物理性质，能建构物质的结构、性质和用途的关系	课堂观察、单元任务单、作业、课外小实验
诊断学生从微观角度对物质进行分类的水平	能否从微观视角分析物质，并对物质进行分类	0 分：没有形成微观概念，不能从微观视角对物质进行分类 1 分：形成微观视角，从微观角度对物质的分类不明确 2 分：能从微观视角对物质进行分类，并建立起宏观结合的观点	课堂观察、单元任务单，师生访谈

（二）支架设计

表 3　支架设计

课时	突破难点的支架设计
课时 1	本节课的难点主要是建立原子与分子的微观概念。研究学生的最近发展区，通过宏观的实验，如红墨水扩散实验、酒精和水混合实验、氨分子的扩散实验等这些宏观趣味实验形成教学的支架，突破教学难点
课时 2	本节课的难点是原子核式模型结构的建立，教学中学生的最近发展区是原子与原子内部的微观结构抽象难懂不易描述，所以在教学中模拟卢瑟福的 α 粒子散射实验使学生在分析实验的过程中逐渐建构起微观核式模型，形成支架突破难点
课时 3	这节课的难点是了解核外电子的运动特征，支架的设计是让学生在学习原子结构的基础上画出原子核外电子的运动图形，通过徒手作图使学生体会原子核外电子的运动特征，形成深度学习

续表

课时	突破难点的支架设计
课时 4	这节课的难点主要是通过实验探究,利用分解反应来探析宏观物质的微观结构。本节课的教学支架主要是通过电解水实验,从宏观的实验事实出发逐步构建物质结构探析的方法,从而突破难点
课时 5	这节课的难点是从微观视角分析碳的几种单质,并建构物质的结构、性质与用途的关系。这节课的支架设计是展示金刚石、石墨和 C_{60} 的微观结构图形及视频动画,让学生理解碳的几种单质的结构
课时 6	这节课的难点是从微观视角把酸、碱和盐进行分类。支架是用旋转的液体兴趣实验和溶液的导电性实验建构起来的。学生的最近发展区是对宏观的实验能理解,并能分析出微观溶液导电的原因,在此基础上对酸、碱和盐进行分类,从而突破难点

（三）指导性评价任务

指导性评价任务是根据学生的认知发展规律,逐级递增的方式进行的。任务1:认识分子与原子的概念;任务 2:从微粒的角度分析宏观现象;任务 3:认识原子的结构;任务 4:认识原子核外电子的运动规律;任务 5:认识离子的形成过程;任务 6:通过电解水实验如何探究水分子是由氢原子和氧原子构成的;任务 7:认识探究物质结构的方法;任务 8:从微观角度分析金刚石与石墨的特点;任务 9:认识物质的结构与性质及用途之间的关系;任务 10:从微观角度对酸、碱和盐进行分类。

（四）本单元的学习在期末考试或大型考试中的地位与作用

本单元在期末考试和中考中属于必考考点。因为从分子、原子角度研究物质的组成、结构、性质和变化规律是化学的定义。分子、原子是化学的核心概念,期末考试和中考作为水平性测试,考核学生对化学知识的认知理解程度,在基础题、能力提高题中都会出现本单元的相关知识。

六、单元实施

（一）单元整体教学思路

本单元围绕分子和原子的核心概念展开,学生对分子和原子这一概念的认识逐级递增,从建立分子、原子的结构模型到运用分子、原子观点解决实际问题,逐渐使学生建构起宏观辨识与微观辨析的学科素养,在探究与实验过程中发展科学思维,培养创新意识。在教学中不断渗透科学家的艰苦研究过程和敢为人先的创新精神,养成学生的科学态度与责任担当。

（二）课型＋课时＋达成评价分配统筹表

表4　课型＋课时＋达成评价分配统筹表

课型	课时	达成评价
新授课	第1课时	课前评价,课堂表现评价量表,课后能力进阶性作业,单元任务单,学习档案袋
新授课	第2课时	课前评价,课堂表现评价量表,课后能力进阶性作业,单元任务单,学习档案袋
新授课	第3课时	课前评价,课堂表现评价量表,课后能力进阶性作业,单元任务单,学习档案袋
新授课	第4课时	课前评价,课堂表现评价量表,课后能力进阶性作业,单元任务单,学习档案袋
新授课	第5课时	课前评价,课堂表现评价量表,课后能力进阶性作业,单元任务单,学习档案袋,网络资料搜集,社会调查
新授课	第6课时	课前评价,课上持续性评价量表,课后能力进阶性作业,单元任务单,学习档案袋

（三）分课时目标与单元目标的关系

分课时目标从三个维度（建立微观粒子模型、深入研究原子结构、运用微观粒子知识解决实际问题）实现了单元总目标的内容,建立微观模型,形成化学观念,发展科学思维,养成科学而态度。

（四）本单元作业设计面向全体，进行分层分类设计

课后纸笔作业采用了能力进阶的方式，分成基础达标、能力提升和思维拓展三个不同梯度的作业内容，适应了不同层次学生的知识水平要求，做到因材施教。

课时作业还设计了社会实践内容，这个作业内容灵活宽泛，可以面向全体学生进行实践和探索，提高学生的学科素养。

单元任务单是面向全体学生的学习评价，通过不断梳理整个单元的知识内容，学生逐渐达成单元目标，初步形成较完整和系统的微观概念体系。

单元学习任务单

请你与小组同学合作，随课时进度，不断梳理、总结你对分子、原子和离子的认识，电解水生成氢气和氧气这个化学反应的认识，及从微观粒子角度对碳单质和溶液的导电性的认识，尽可能写出所有的认识。也可以通过录制微视频的方式呈现小组学习效果，在第6节课时进行集中汇报交流。

课型	具体内容
第 1 课时	
第 2 课时	
第 3 课时	
第 4 课时	
第 5 课时	
第 6 课时	

第 1 课时：认识分子与原子（说出物质是由微观粒子构成的）

第 2 课时：认识原子的核式结构（说出原子的构成）

第 3 课时：认识原子核外电子的排布和离子（说出原子核外电子的运动特征和描述核外电子的方法，从核外电子的稳定结构角度出发认识离子）

第 4 课时：认识探究物质结构的方法（说出水分子的结构，及探究结构的方法）

第 5 课时：从微粒的角度认识物质的性质（从微观角度说出金刚石、石墨和 C_{60} 的结构、性质与用途及其关系）

第 6 课时：从微粒的角度解释物质的变化（从微观角度说出溶液导电的原因，并说出酸、碱、盐分的依据）

　　面向全体学生的课堂表现评价量表，评价全体学生的课堂参与度，鼓励学生积极进行探究，与同伴合作、分享，开展自主学习，形成深度学习效果。

表5　课堂表现评价量表

项目 \ 分数	内容	分值	小组得分
过程性评价	合作意识，是否善于与他人合作	10	
	参与积极性，是否积极参与讨论	10	
	解决问题能力，能否正确处理问题结果	10	
	观察、描述、分析能力，是否客观、准确地观察和记录分析结果	20	
	能否主动、流畅地交流自己的实验成果	20	
知识检测	课堂检测达标单	30	
合计		100	
结果	教师评语：		综合等级：

　　手抄报的制作面向的是全体学生，手抄报对不同能力水平的学生都能有展示自己的机会，可以培养学生多方面的智能。

　　面对全体学生建立的"学习档案袋"。建立档案袋时，教师要注重指导学生记录、收集学习过程中的关键事件和典型资料，反映学生学习和成长的历程，体现学习的自主性。教师引导学生形成良好习惯，做好学习档案分类、分时段的积累和整理工作。通过"学习档案袋"教师可以及时了解学生的学习态度、核心内容的学习情况，能及时给予学生肯定与帮助，了解学生的学习困难。学生也可以通过档案袋反思自己的学习情况。

（六）单元教学设计整体评价和单元课程资源开发后的利用

1. 单元教学设计整体评价

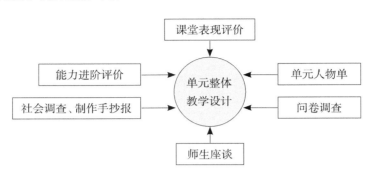

图 2　单元整体教学设计

通过多元化的评价,形成单元教学设计的整体评价。从多元化的评价结果反馈教学设计的有效性,及对学生学习的契合程度,并对教学设计进行改进。

2. 单元课程资源开发后的利用

一是趣味小实验。如课时 1 中在教材"分子运动"的实验基础上,开发利用滤纸、棉花和小试管进行分子运动的实验,课时 5 中旋转的液体实验等。手持技术的使用。为了证明溶液的导电性,运用手持技术直观地表示出溶液能导电,并有可以自由移动的带电粒子。二是微观粒子的动画视频。抽象的微观粒子模型用动画视频表现出来,形象直观,降低了学习的难度。让学生观看金刚石与石墨性质的视频,从中选取信息归纳总结知识重点,做好深度学习。

第二节
探秘分子与原子教学设计

　　这部分内容从学生熟悉的典型生活经验出发,引导学生思考和讨论这些能够证明微观粒子运动的常见现象,将探究活动聚焦于"物质由微观粒子构成"这一核心问题。通过"品红在水中扩散"的实验、"一滴水中分子数量"的介绍、"氨分子运动"的实验,以及化学上"1+1是否等于2"的趣味问题,使学生从化学角度形成对分子和原子概念的初步理解。通过在揭示化学变化中学习分子、原子是如何变化的,进一步了解化学变化前后分子种类发生变化,而原子种类不变。

一、学习者分析

　　学生已经学习了物理变化、化学变化、物理性质、化学性质的概念,并具有一定的判断能力。在物理学科中,已经学习了物质三态变化以及热胀冷缩的相关知识。但对初中生来说,分子、原子这些肉眼看不到、摸不着的微观粒子又非常抽象。

二、学习目标确定

　　1.通过学习分子和原子的特征,了解物质是由分子、原子等微观粒子构成的,初步培养学生的粒子观,提高学生的抽象思维、分析和推理能力。

　　2.通过对物质物理变化和化学变化的分析,知道分子与原子的定义,培养学生微观探析的学科素养。

　　3.通过用微观粒子的观点解释了生产、生活中的一些常见现象,培养宏微结合的认知能力。

三、学习评价设计

1.通过对学生熟悉的日常现象的微观解释,激发学生提出问题的能力。

2.通过宏观和微观知识的结合,使学生增强知识的迁移能力,培养宏观辨识与微观辨析能力。

3.增强学生对微观世界的好奇心和探究欲,激发学生学习化学的兴趣。

4.通过用微观粒子知识解决实际问题,体会化学与生活的密切关系。

四、学习活动设计

表6 学习活动设计

教师活动	学生活动	活动意图说明
【环节一】第一课时 创设情境:准备一束鲜花远处能闻到花香,问:"你们闻到什么气味了吗?为什么会闻到?"展示"苯分子""硅原子"的图片	学生回忆生活中的常见现象,互相交流	引导学生学会联系实际生活,通过图片的展示,看到我国高科技的发展,同时为引出分子、原子做铺垫
【环节二】活动探究 探究活动一:阅读"水分子的自述"提出分子的第一个性质:分子的质量和体积都很小	通过自主阅读,学生总结分子的性质	通过让学生分析、对比一些数据,既培养学生的阅读和分析的能力,同时让学生领会分子的"小",激发了学生的兴趣和好奇心理
探究活动二:播放品红溶于水的动画和冷热水对品红溶解影响的视频 实验探究:演示分子运动现象	学生观看动画和视频。学生观看实验操作视频,总结分子的性质	引导学生在做对比实验的基础上进行实验设计和探究,训练学生发散性思维,同时培养学生科学探究的精神
对实验进行改进:将仪器换成了试管,用纸条,将酚酞滴在纸条上,脱脂棉的一边沾有少量浓氨水,观察现象	学生设计用身边的物品验证分子的性质,并亲自操作	引起学生学习兴趣

续表

教师活动	学生活动	活动意图说明
探究活动三：趣味提问：1+1 是否等于 2？指导学生实验：50 毫升水和 50 毫升酒精，混合后是否等于 100 毫升？（此实验为了能让学生观察更清楚，安排学生在酒精里滴入了品红，将仪器换成容量瓶，经此改动现象还是非常明显的） 过渡试验：让学生按照图示操作注射器压缩空气的实验	学生分组实验，验证分子性质。请学生代表进行操作，并描述自己的实验体会	通过实验操作、实验视频及多媒体模拟展示，使枯燥、抽象的知识形象生动起来，有助于学生更好地形成微观想象的能力，激发了学生的学习兴趣
鉴于学生对三态变化的认识，采用动画模拟的形式让学生对分子间隔有更深的认识，推出温度和压强对分子间隔的影响	看动画进一步了解物质三态时的分子间隔的大小关系	
【环节三】案例分析 走进生活，选取几个身边的实例理解分子的存在以及性质	学生思考，回答问题	用身边的实例来感受分子的存在以及分子的性质，更有利于学生掌握知识，拉近化学与生活的关系，让学生时时有"化学就在身边"的亲切感
【环节四】归纳总结 阅读资料：碘遇淀粉变蓝的原理——碘遇淀粉发生化学反应，生成蓝色物质	学生自主阅读相关内容	通过课外的延伸，培养学生对物质世界及其变化的好奇心，同时形成与生物进行跨学科探究的能力
播放视频：课前请两组学生提前录制实验视频，一组将碘酒滴到土豆块上；另一组将一小块碘放到试管底部，一小土豆块放到试管口，观察两组实验现象 根据对碘蒸气和碘固体的理解，辨析在由分子构成的物质中理解纯净物和混合物的微观区别。根据水蒸发和水电解的实验，辨析物理变化和化学变化的区别，并加以电解水的微观过程图，做到直观认识化学变化本质，得出分子定义	观看视频，根据视频里的现象总结分子的性质 从微观角度认识和分析物质的性质	

教师活动	学生活动	活动意图说明
【环节五】观察分析 观察电解水的微观过程图。得出"分子是由原子构成的"并发现有"同种"和"不同种"原子构成分子的两种情况。观察得出在化学变化中分子可以分成原子,原子重新结合成新的分子。化学变化前后,分子种类发生变化,原子种类不会发生变化,原子个数也没有发生变化,由此得出原子的定义	学生分组讨论,将得出的结论在班上进行分享、汇总	通过直观认识化学变化本质,宏微结合,得出分子定义,为下一课时学习原子的结构做好铺垫 培养学生学会运用"比较、分析、归纳"等多种方法认识物质及其变化

第三节
原子结构探秘教学设计

化学研究的对象是物质及其变化,化学学科的特点是从分子、原子的角度研究物质,"粒子观"和"元素观"是化学学科的核心观念。从微观角度认识物质及其变化是学生应具备的学科能力。人教版的教材在编纂过程中也在不断渗透有关"物质构成奥秘"主题的教学。在"序言"部分中提到"化学是从分子、原子的角度认识物质的组成、结构、性质及变化规律的科学"。第二单元中引导学生认识物质的组成分类;第三单元引导学生认识元素、化合物、氧化物的概念;第四单元从水的组成来分析物质的宏观辨识和微观探析的方法;第五单元从微观解释化学变化,并定量角度进行分析;第六单元从微观角度分析碳的几种单质,使学生建立结构决定性质、性质决定用途的概念,并认识物质的多样化。

这部分内容是大单元教学"微观世界探秘"系列课时的第二节课,这个大单元教学主题有 6 节课时,本节课主要任务是认识原子的内部结构,探究并建构原子结构模型。在课时 1 中对化学反应中分子可分、原子不可分性内容进行学习的基础上,本节课继续发展对于原子的认识:除去"在化学反应中"这个前提,原子也具有可分性。进而深入了解原子的构成,辩证认识其中各种粒子的一些基本特点和相互关系。探索原子结构的化学史料中蕴含着极为丰富的方法、情感态度价值观内涵,可帮助学生充分体现科学探究过程中假说、模型、实验、推证等科学方法的重要作用及质疑、反思、严谨求实的科学态度的重要作用。

一、学习者分析

通过前面的学习,学生已经从微观角度认识了水的三态变化、浓氨水使酚酞溶液变红、氧化汞受热分解等变化事实,并以此为载体形成了对分子、原子的一些基本认识。这部分内容帮助学生进一步发展上述认识。然而微观的真相需要借助扫描隧道显微镜等设备,目前中学的实验条件难以达到,学生本身又处于化学启蒙阶段,以及从具体形象思维向抽象逻辑思维转化的过程中,因此更适合利用多媒体展示相关史料和微观模拟动画、示意图等方式,变抽象为具体,辅助学生想象、推理,促进学生的体验和理解,进一步构建化学的微观观念。

二、学习目标确定

1. 认识原子是由原子核和核外电子构成的,知道质子数、核电荷数与核外电子数的关系。

2. 通过科学史实体会科学家探索原子的结构的智慧,知道可以通过想象、推理、模型等方法探索原子的结构。

3. 培养质疑、反思、严谨求实的科学态度,学习科学家爱国、奉献的精神,团结协作、攻坚克难的品格。

三、学习活动设计

表7　学习活动设计

教师活动	学生活动	活动意图说明
【环节一】引导讨论(3分钟) 展示《庄子·天下篇》有云:"一尺之棰,日取其半,万世不竭。"有一根一尺长的木棍,每天截去它的一半,千秋万代也截不完。而在同一时期,古希腊学者德谟克利特也发出了灵魂之问:世间万物真的能一直无限分割下去吗	讨论发言:各自提出观点,赞同或反对 学生:不能一直分割,最小的粒子是原子。因为上节课学过,化学变化中,原子不可再分	以中国古代经典导入,让学生产生认知观念上的冲突,激发学生学习兴趣,进一步结合科学史料,引发学生思考
【环节二】探究原子构成(27分钟) 引导探究:同学们,古希腊学者德谟克利特认为,世间万物都是由微小的、不可分割的粒子构成,他给这个粒子起了个名字——原子,atom,意为不可分割。到了19世纪初,道尔顿提出了原子论,认为物质是由原子构成的。在你心目中,原子是什么样的呢?请你在纸上画出它的模样	动手画原子。小组组长上前讲述自己组的原子结构模型 学生1:原子像一个实心小球。学生2:原子像一个乒乓球。学生3:不同的原子大小不一样	逐步引导学生跟随科学先贤的脚步,逐步发现原子的内部结构,学生的认识逐步升华

续表

教师活动	学生活动	活动意图说明
提问：大家在物理课上学习了电流，知道1897年，英国科学家汤姆生发现了电子，开启了人类探索原子内部结构的进程。原来原子中还有更微小的结构——电子。现在请大家改良你的原子模型，画出它的新模样	动手画原子。小组代表上前讲述自己的原子结构模型 学生1：原子中的电子是均匀分布在原子中的 学生2：电子带负电，但原子不显电性，所以原子剩下的部分肯定带正电	每次学生建构了新的原子结构模型，教师都及时给出史料佐证学生的猜想，增强学生的信心，激发学生进一步探索的好奇心。并意识到科学发现的过程也是模型建立的过程
小结：非常好，大家的想法与汤姆生不谋而合。汤姆生认为，原子是由许多电子悬浮于均匀分布的带正电物质里所构成，带负电的电子与带正电的物质，电性相互抵消，因此电子呈现电中性。这种模型被称为"枣糕模型"	小组讨论： 学生1：大部分α粒子都通过了，证明原子内部绝大部分空间都是空的 学生2：α粒子带正电，少部分被排斥反弹，说明撞到了同为正电荷的物质上 学生3：原子中间有一个很小的核，带正电	
引导探究：1909年，汤姆生的研究生卢瑟福做了α粒子轰击金箔实验。α粒子是带两个单位正电荷的粒子，金原子的质量是α粒子的约50倍。实验结果显示：绝大部分α粒子都径直地通过了金箔，少数α粒子发生了小角度偏转，而极少数α粒子竟然被金箔挡住，反弹回来。事实胜于雄辩，面对新的实验结果，如何修正原子结构模型	学生4：核的质量应该很大，因为可以把α粒子撞回来 通过讨论，逐步得出原子的核式结构模型 画图并展示	通过分析实验结果，进行逻辑推理，在彼此的讨论中互相补充，逐步得出原子的核式结构模型。有助于培养学生分析归纳、处理信息和逻辑推理的能力，培养质疑、反思、严谨、求实的科学态度
小结：正如大家讨论的那样，原子的大多数质量和正电荷，都集中于一个很小的区域（原子核这个概念由后人提出）；电子则包围在区域外面，围绕原子核做圆周运动，类似行星围绕太阳那样。这就是卢瑟福的"核式结构"模型，又称"行星模型"。现在大家已经达到了和卢瑟福同样的认知高度，请动手画出你心目中行星模型的模样	学生最终构建出原子的核式结构模型 学生倾听思考	

教师活动	学生活动	活动意图说明
讲述：同学们在语文课上学习了居里夫人因为提炼纯净的镭而长期暴露在辐射下，患上了癌症。卢瑟福为了研究原子的结构，也饱受 α 粒子的放射性影响，66 岁就病逝了。这些科学家们为了追寻真理，付出了生命的代价，这种奉献的精神值得我们所有人学习		引导学生感悟科学家崇尚真理、严谨求实的科学态度，勇于质疑、批判和创新的精神，学习科学家爱国、奉献的精神
讲述：卢瑟福是汤姆生的学生，他在科学的路上孜孜探索，并坚定地推翻了教师的错误模型；而卢瑟福本身的模型也并不完美，他在自己的论文结尾处写道："尽管这个模型目前还面临着很多问题。但是！我们的科学事业除了今天还有明天。"而在短短几年后，卢瑟福的学生玻尔也修正了教师的模型，提出了更为科学、更符合观测结果的"量子模型"。在科学和真理面前，他们都勇于质疑权威，质疑自己的教师，正是这种质疑、批判和创新的精神推动科学事业不断前行，作为未来栋梁的你们，也要秉持这种精神，推动中国的科学事业向前发展	【学生作图】 原子 不带电 原子核　　核外电子 带正电　　带一个单位 　　　　　负电荷 质子　　　中子 带一个单 位负电荷　不带电	
讲述：随着时间进入 1932 年，英国物理学家查德威克发现了原子核中存在不带电的中子，构成原子的各种粒子终于齐聚一堂。请大家以大括号的形式画出各粒子之间的包含关系，并标注各微粒的带电情况		以具体形象的层次关系理解构成原子的粒子之间的关系
播放视频：原子结构模型发现简史	观看视频，直观感受原子结构模型的发展变迁	

教师活动	学生活动	活动意图说明
【环节三】构成原子的粒子之间的数量关系（10分钟） 展示图片：几种原子的构成 	原子种类	质子数	中子数	核外电子数
---	---	---	---
氢	1	0	1
碳	6	6	6
氧	8	8	8
钠	11	12	11
氯	17	18	17 | 提问：通过刚才的学习，我们对原子的结构有了更新的认识，请同学们认真观察表格，找一找质子数与核外电子数、质子数与中子数、中子数与核外电子数之间的关系 【环节四】课堂小结（5分钟） 引导总结：同学们，谁能来说一说，我们这节课都学习了什么知识	交流讨论：核电荷数＝质子数＝核外电子数；不是所有的原子都有中子；质子数不一定等于中子数；不同的原子质子数不同 学生1：我们学了原子结构模型的发展简史，原子内部是核式结构 学生2：原子是由原子核和核外电子构成的，原子核又分成质子和中子 学生3：原子的结构模型是不断发展来的，未来肯定还有更完美的模型 学生4：质子带正电，电子带负电，两者数目相等，电性相反，所以原子不显电性 学生5：在原子中，质子数＝核电荷数＝核外电子数	通过视频、图像、动画的形式给学生以直观的视觉冲击，化抽象为具象，帮助学生更好地理解原子内部的构成 深化对原子结构及微观粒子之间关系的认识，塑造学生的"微粒观"的化学观念 由学生各自总结本节课所学，强化巩固，引导学生深入思考，归纳分析，最终达到专家思维和深度学习

第四节
探秘核外电子排布与离子教学设计

　　这个部分的教学内容为《义务教育化学课程标准（2022 年版）》中"物质组成与结构""物质的化学变化""微粒构成物质""物质组成的表示"所涉及的内容。此主题旨在帮助学生建立"物质的组成"大概念，通过探秘分子、原子和离子的结构、性质，认识探究物质组成与结构的基本思路与方法，并深入认识研究物质组成与结构的意义。

　　本节是大单元教学"微观世界探秘"系列课时的第三节课，这个大单元教学主题有六节课时。本节课的主要内容是在课时 2 的基础上，探究核外电子排布，并延伸至通过得失电子，原子可变成离子。在课时 2 原子结构的探秘的基础上，本节课继续展开对电子排布的探秘研究，丰富对原子构成的理解。在得失电子的过程中，微观粒子体现了化学性质，正是结构的改变，导致了性质的改变。在理解结构的基础上，进一步强化"结构决定性质"这一化学核心观念，能基于结构分析微观粒子的性质，最终形成化学的微粒观，并培养学生基于事实与逻辑进行独立思考与判断的能力。

一、学习者分析

　　1.学生已有的知识储备和学习经验：通过教学中前几节课的学习，学生已经学习了分子、原子，知道原子的构成，初步建立起粒子观。

　　2.学生已有的能力水平：通过前面内容的学习，学生已有了由现象推知性质、由性质了解用途的抽象思维能力，但对于结构与性质的关系并不清楚。通过前几章内容的学习，学生对物质性质的研究也有了一定的方法。

　　3.学生的兴趣需求与分析：九年级的学生对未知事物有强烈的求知欲和好奇

心。这节课的内容较为抽象，属于看不见摸不着的微观领域，更能激发学生的探索热情，在认识了原子构成的基础上，进一步探索电子的排布规律。

4.学生的发展需求与路径分析：学生需要培养和发展从微观视角分析物质及其变化的认识能力，初步认识物质的组成、结构与性质之间的关系，培养微粒观。这一过程中需要教师充分引导，教学过程多以形象化的方式呈现，帮助学生从形象到抽象的过渡理解。

5.学生学习本课时遇到的困难：学生在学习抽象知识方面，由于看不见摸不着，容易涌现大量相异构想，并在逻辑推理上产生一定困难，难以区分最外层电子和核外电子。

二、学习目标确定

1.了解原子核外电子是分层排布的，会画前18号原子的原子结构示意图。

2.了解离子的形成过程，认识离子是构成物质的一种微观粒子。

3.培养学生的微粒观，形成研究物质组成与结构的科学思维方法，充分形成"物质是由分子、原子或离子构成的，其结构决定性质"的化学观念。

三、学习活动设计

表8　学习活动设计

教师活动	学生活动	活动意图说明
【环节一】温故知新，抛出疑惑（5分钟）引入：同学们，还记得我们上节课所探秘的原子结构吗？原子核外有广阔的空间，电子就在这个空间里做高速运动。下课后，就有学生提出了疑问：老师，电子数和质子数一样多，如果有100多个电子，按照卢瑟福的行星模型，那原子这个"太阳系"得多大呀！你对这位同学提出的疑问，有什么想说的吗	学生1：电子很小吧，100多个应该排得开学生2：可是那样的话，最外面的电子受到的引力还够吗？电子不会飞走吗学生3：行星有卫星，会不会某些电子围绕着别的电子在旋转	学生经过学习，提出问题，并引发大家讨论、想象核外电子的分层排布特点

续表

教师活动	学生活动	活动意图说明
点拨：同学们提供了很多奇思妙想的假设，那原子内部的真相到底是怎样的呢？今天，我们就一起来探索答案 【环节二】理解并画出原子结构示意图（20分钟） 阅读教材：阅读教材54页图文。 讨论问题：科学家是怎样定义原子层的？请利用所学知识进行创意绘画并与组员交流意见 引导鼓励：同学们画出了自己心目中原子结构图，而科学家也总结出了一种简明、方便地表示原子的结构的方法，称之为原子结构示意图。请大家观察教材中一些原子的结构示意图，你能说出其中每一部分所代表的内容吗 小结：同学们观察得非常仔细，也解说到位，只有一点小小的不严谨需要补充。弧线上的数字代表的是该电子层上的电子数。这种原子结构示意图的表示方法直观而方便，可以画出我们所有的原子结构 观察图片：请大家观察1—18号元素的原子结构示意图和教材55页，并交流讨论问题：原子核外的第一层最多有几个电子？原子核外的第二层最多有几个电子？原子核外的最外层最多有几个电子？钠镁铝等金属的原子最外层电子数有何特点？氧硫氯等非金属的原子呢？从以上问题中，总结出原子的核外电子排布的简单规律 什么是原子的相对稳定结构？稀有气体（氦、氖、氩、氪、氙）的化学性质很不活泼，你能从结构的角度出发解释其中原由吗	阅读教材并绘画、交流 学生1：氢原子的最好画，就一个电子 学生2：氧原子也还行，就是有8个电子，稍微有点多了，我差点画不下了 学生3：我觉得这么一个个画电子肯定不行，肯定得简化 学生1：中间的圆圈就是原子核，原子核带正电，所以里面有个"+"号，数字代表核电荷数 学生2：弧线表示的是电子层，弧线上的数字就是电子数 学生3：为什么核电荷数要写"+"号，电子就不写 学生4：我猜是电子太多，写不过来吧 学生1：第一层最多2个电子，第二层最多8个电子，最外层最多8个电子 学生2：当第一层也是最外层的时候，最外层就最多2个电子了 学生3：金属的原子最外层电子数都小于4，非金属的原子最外层电子数都大于4 学生4：原子的相对稳定结构就是最外层有8个电子的结构，氦是2个电子的稳定结构，因为它只有一层电子 学生5：因为稀有气体的原子都是稳定结构的，所以它们的化学性质很不活泼	锻炼学生自主阅读、归纳总结的能力，并通过画电子排布，摸索核外电子排布规律 锻炼学生观察能力，并由具体的图像精炼出抽象的结论 通过观察、讨论和互相补充，发现核外电子的排布规律，并能运用该规律画出新原子的原子结构示意图。初步理解"结构决定性质"，建立化学观念

教师活动	学生活动	活动意图说明
小结：同学们所发现的核外电子排布规律与科学家们不谋而合。请你运用刚刚所总结的规律，再画出教材上所没有的钾、钙两种原子的原子结构示意图	画图并展示	
引导思考：科学家们还发现，金属原子和非金属原子也有让自己的结构变得相对稳定的趋向，在这个过程中，又会发生什么呢？让我们来看看这神奇的变化过程 【环节三】电子得失与离子形成（17分钟） 视频展示：请学生观看钠与氯气反应生成氯化钠的过程，并讨论趋向稳定结构的钠原子和氯原子是如何达到相对稳定的 达成共识后，请两位学生上台表演氯化钠的形成过程	观看视频，交流讨论。 学生1：钠原子最外层有1个电子，倒数第二外层有8个电子，如果失去了这1个电子，倒数第二外层就变成了最外层，就满足了8电子稳定结构的要求 学生2：氯原子最外层有7个电子，如果再得到1个电子，最外层就满足了8电子稳定结构的要求 学生3：钠原子要失去1个电子，氯原子要得到1个电子，正好互帮互助，都达到了稳定结构 两位学生上台表演，以甲脱下外套交给乙的方式，体现电子的得失	在通过观看视频得出结论后，进一步上台表演，从抽象回归具象，加深学生印象并帮助理解 通过归纳总结原子得失电子形成粒子的过程，进一步强化学生"结构决定性质"的化学观念

续表

教师活动	学生活动	活动意图说明
引导：现在，钠和氯都完成了相对稳定的变化，得到了新的粒子。请大家阅读教程，回答问题，并完成填图。什么是离子？什么是阴离子？什么是阳离子？除了钠离子和氯离子，再试举两例阴离子、阳离子。金属的原子在化学反应中的表现和钠原子相似吗？非金属的原子在化学反应中的表现和氯原子相似吗？为什么？在问题的基础上，你对"结构决定性质"有了哪些更深的体会 小结：同学们总结得太棒了，完全探索到了精髓！原子的结构，特别是最外层电子的排布情况，决定了原子的化学性质，我们甚至可以通过了解未知原子的结构，有根据地猜测它的性质。这就是树立化学观念提升能力	学生1：带电的原子叫离子。带正电的离子就是阳离子，带负电的离子就是阴离子 学生2：镁和铝的原子也能失去电子形成阳离子，氧和硫的原子也能得到电子形成阴离子 学生3：我觉得金属的原子在化学反应中都容易失去电子，非金属的原子在化学反应中都容易得到电子，因为这样才更容易达到相对稳定的结构 学生4：原子的最外层电子数是大于4还是小于4，决定了原子是容易得还是容易失电子。在这个得失电子的过程中发生了化学变化，体现了化学性质。所以说，结构决定性质	树立化学观念对学生的指导作用 小组讨论本节课在认识原子核外电子排布、"结构决定性质"方面的认识和收获，组内进行小组表现评价
【环节四】课堂小结（3分钟） 通过小结回顾学习到的知识，掌握核心知识内容	学生1：离子符号是在原子符号的基础上，在右上角写出电荷数值和所带电荷的正负情况。数值在前，正负号在后 学生2：当所带电荷数值是1的时候，就省略不写。小组组长发言	总结回顾，落实学习目标

第五节
探秘水分子结构教学设计

本课例教学内容为《义务教育化学课程标准（2022年版）》中"科学探究与化学实验""物质组成与结构""物质的化学变化""微粒构成物质""物质组成的表示"所涉及的内容。本课题具有承上启下的作用，在认识水的组成的基础上，结合前一单元所学的氧气的知识，能够区别并归纳出单质、化合物、氧化物的概念。由对水的分解反应的认识学习，深化学生对化学反应的认识——有新物质的生成，但元素种类不变。为今后学习元素的概念和正确书写化学式打下了基础，培养学生的化学观念、科学思维、科学探究精神与能力，以及培养学生的社会责任感。

一、学习者分析

1. 学生已有的知识储备和学习经验：通过小学科学和物理课的学习以及生活经验的积累，学生不仅知道水是我们身边最常见的物质之一，并且对水的物理性质有了一定了解，但对水的组成，并不完全了解。学生具备了基本的化学观念，知道了物质是由分子、原子构成的，具备了判断化学变化、鉴别氧气、书写文字表达式等技能，但是对氢气的检验和水的构成对他们来说是崭新的内容。

2. 学生已有的能力水平：学生已初步具备了收集、分析、提取有用信息的能力，也初步具备了与人合作、交流、分析、解决问题的能力。了解探究的一般步骤，但是探究过程还需要教师引导。学生在第二单元课程中学过氧气，氧气的检验方法是学生学习本节课的基础之一。

3. 学生的兴趣需求与分析：九年级的学生好奇心强，对各种事物充满好奇，大脑机能显著发展并趋于成熟，学生的对于化学实验充满兴趣，他们对化学的兴趣逐步由直觉兴趣、操作兴趣、具有因果关系的兴趣向具有概括性的认知兴趣迁移。学生对一些实验很多停留在操作和现象上，对于结构的探究并没有接触过，本节课水分子的探究对学生来说是崭新的课题。

4. 学生的发展需求与路径分析：水是生活中常见的物质,学生在本课题通过对史料的学习、对水的形成以及水的电解的探究,有助于学生建立由宏观到微观的科学思维,建立化学观念,培养学生在真实情境中,解决实际问题的能力,并学会与他人合作沟通,培养学生的科学态度与科学精神。

5. 学生学习本课时遇到的困难：学生对电解时产生的气体不能准确判断,对于宏观到微观的认知必须借助辅助工具。

二、学习目标确定

1. 通过自主学习水和氢气的物理性质,培养学生自主学习能力。

2. 通过电解水的实验,尝试从定性和定量两个角度描述现象,培养学生实验探究能力和观察能力,培养学生宏观和微观结合的分析能力。

3. 通过本节课的学习,使学生进一步理解分子、原子的概念和相互关系,进一步理解化学变化的本质。

4. 通过小组合作学习,培养学生的集体精神与合作意识。

5. 通过电解水的实验,培养学生物质可分的观念。

6. 通过科学家对水的组成的探究的材料,体会科学家在研究过程中的科学精神。

三、学习活动设计

表9　学习活动设计

教师活动	学生活动	活动意图说明
【环节一】情境引入 展示天津七里海的图片、海河的图片。天津作为九河下梢,依海而兴,因水而名。天津的发展,与水密不可分。同学们对水有哪些认识呢？古人认为:"金、木、水、火、土是构成世界万物的基本物质组成,水是其中之一,是分解不出来新的物质的。"水是由什么构成的的？水能不能分呢	学生讨论,汇报 水是无色、无味的液体,密度,熔点,沸点	建立化学观念,从化学水的组成、结构、性质、变化规律等角度研究物质,有很多问题值得研究 了解人们认识事物的过程,建立宏微结合的思维

教师活动	学生活动	活动意图说明
指导阅读：教材 81 页资料卡片——水的组成解密。提示学生关注资料涉及的实验现象和方法。科学的发现需要人们不懈的努力。要解密水的组成，让我们先来了解"易燃的空气"——氢气的性质	回顾科学家走过的探索之路。归纳：元素在反应前后是不变的。普利斯特里和卡文迪许的实验证明了水不是一种元素。拉瓦锡的实验更是证明了水是由不同种原子构成的分子	学会从文字中提取信息。明确世界是物质的，物质是由分子、原子、离子构成的。在化学变化中，分子可分。元素的种类反应前后是不变的。通过科学家多次的实验，培养学生严谨求实，百折不挠的科学态度
【环节二】重走科学家探究路 活动一：氢气研究小组演示氢气的制备、吹肥皂泡，验纯，点燃氢气 组长引导学生观察气泡的有无颜色、运动轨迹判断密度大小等物理性质 不纯净的氢气点燃会怎样？如何验纯	观察，总结氢气的物理性质肥皂泡往上飘，说明氢气密度小于空气。氢气的物理性质：没有颜色和气味且难溶于水的气体，密度比空气小。氢气的化学性质：能燃烧，产生淡蓝色火焰。氢气的验纯：用向下排空气法收集一试管氢气，拇指堵住试管口，管口朝下，靠近酒精灯火焰，移开拇指点火，若发出尖锐爆鸣声则表明氢气不纯，若听到的声音很小，则氢气较纯	
活动一：氢气研究小组演示氢气的制备、吹肥皂泡，验纯，点燃氢气。 组长引导学生观察气泡的有无颜色、运动轨迹判断密度大小等物理性质。 不纯净的氢气点燃会怎样？如何验纯	集一试管氢气，拇指堵住试管口，管口朝下，靠近酒精灯火焰，移开拇指点火，若发出尖锐爆鸣声则表明氢气不纯，若听到的声音很小，则氢气较纯观察记录：纯净的氢气可以在空气中安静地燃烧，烧杯内壁出现无色液滴，烧杯外壁发烫。分析：水分子是由氢原子和氧原子构成的。 学生讨论分析，明确反应前后原子种类不变	学生通过氢气的燃烧和水的电解，让学生体会科学探究，从化学视角了解世界的重要作用，充分发挥主动探究精神。建立巩固气体的制取、检验的科学思维，培养学生好奇心探究精神和合作共享的科学素养，在做中学，用中学

续表

教师活动	学生活动	活动意图说明
点燃氢气,检验产物	氢原子和氧原子。根据反应前后原子的种类不变。没有不可能含有其他原子	学会利用现象收集证据得出结论
活动二:了解了氢气的性质后,我们就可以去探究水的组成,但是涉及水的化学反应很多,该选择一个什么样的化学反应思考:过氧化氢的分解,会生成水和氧气,由生成物确定过氧化氢分子是由什么原子构成的?依据是什么?还有含有其他原子的可能性吗?那么蜡烛燃烧的产物是二氧化碳和水,大家知道蜡烛所含的原子种类	含有碳原子和氢原子,可能含有氧原子 观察水电解器,了解构造和功能	引导学生学会科学探究的一般思路与方法,理论分析与探究实践相结合,引导学生探究兴趣 通过对比分析,确定研究水组成的可靠工具分解反应
引导:比较而言,如果想探究某种物质的元素组成,将其作为反应物,最好是分解反应,反应物只有一个,然后根据生成物的所含有的原子种类确定。研究水分子的结构最佳的途径就是水的电解实验	学生观察到,水在通直流电后电极上产生气泡,且正负两极气体的体积比为 1:2	
水的电解,从字面理解,电是条件通电,解是分解,水通电分解的产物可能是氢气和氧气,我们的目的就是将水电解,验证产物,根据化学反应前后元素的种类不变,确定水的组成 展示水的电解实验仪器,观察电解器的构造。观察电极的连接(+、-),观察两极玻璃管构造 播放视频:水电解实验	学生分析出,水分子在化学变化中分裂成氢原子和氧原子,两个氢原子构成一个氢分子,两个氧原子构成一个氧分子。水电解生成了氢气和氧气,水分子是由氢原子和氧原子构成的 电解水:<table><tr><td rowspan="2">两电极</td><td>正极端的玻璃管</td><td>负极端的玻璃管</td></tr></table>	学生对水电解具有初步认识 诊断评价学生的实验活动,并对学生的活动进行针对性指导

	两电极	正极端的玻璃管	负极端的玻璃管
现象			
两个玻璃管中的差异			

续表

教师活动	学生活动	活动意图说明
小组演示实验：用水电解器演示电解水的实验。通过现象、微观分析，结合文字表达式（化学符号），说明水分子是氢原子和氧原子构成的	点燃气体： 		正极端 玻璃管	负极端 玻璃管
现象		
解释				引导学生学会观察思考，诊断发展学生观察分析、综合思维与实践能力与实验安全意识
电解水： 指导学生阅读实验报告中的实验目的，检查桌面上的实验仪器以及药品是否全。将水注入电解器中，注意不要留有气泡，要将电解器中的空气排尽。连接装置，将电解器正极与电源正极相连，负极与电源负极相连。接通电源，观察实验现象。由一位学生负责记录实验现象，其他学生观察实验现象，并留意实验中出现的异常现象。请学生填写记录实验现象，由小组组长总结回答实验现象	讨论回答：氧气的溶解度大于氢气溶解度，氧气还可能与电极发生反应。水中加入硫酸或氢氧化钠增强导电性。原因是检验氢气时要做点燃实验，混入空气易造成危险，同时也会影响气体的体积数，造成误差 由氢气和氧气的分子式 H_2 与 O_2，推导出水分子中氢原子和氧原子个数比为 $2:1$ 观察 写出电解水的文字表达式和符号表达式	倡导学生学会多维度的探究，学会读取信息并解决问题，促进深度学习 通过探究引导学生基于事实进行证据推理建构模型 评价诊断学生从定性、定量角度观察现象，收集证据，处理数据，从多个角度认识水分子结构的能力
思考与交流 学生互问互答，交流讨论实验中存在的疑问，教师引导总结实验中可能出现的问题：水的电解试验中，两试管所聚集的气体体积比往往小于 $1:2$，其原因是什么？水的导电性很差，如何增强水的导电性？为什么要排尽导管中的空气	学生结合学案，学习讨论相关概念 水、氢气、氧气都是纯净物。水分子由氢原子和氧原子构成，氢气和氧气都是由同种原子构成的。理解化合物、单质、氧化物的概念 观察、分析，得出单质、化合物与氧化物的概念	使学生通过宏观分析和微观研究加深对水分子结构的认识

续表

教师活动	学生活动	活动意图说明
已知:在等温等压下,气体的体积比等于分子个数比。请问水分子中氢氧原子个数比是多少 展示:动画水分子分解的过程		
【环节三】 探究活动三:单质与化合物。上面三种物质(水、氢气、氧气)是纯净物还是混合物? 从微观构成分析,这些物质各有什么特点? 展示常见物质的化学式,引导学生从物质组成原子种类不同进行分析。学生小组活动:小游戏"给化学式找家"	小组讨论本节课在探究氢气、水的性质、结构过程中的收获,组内进行小组表现评价	培养学生比较、分类的科学方法,从微观角度对物质进行分类辨识
【环节四】 课堂小结:学生归纳整理本节重点知识,将基本概念形成思维导图,形成知识树		培养学生的自学能力和归纳能力

第六节

金刚石、石墨和 C_{60} 教学设计

本课例教学内容为《义务教育化学课程标准（2022 年版）》中"物质组成与结构""物质的化学变化""微粒构成物质""认识化学元素""物质组成的表示"所涉及的内容。这节课是在本单元中学生建构起粒子观以后的应用课，学生从微观角度认识物质及其变化是学生应具备的学科能力，从微观角度分析碳的几种单质，使学生建立结构决定性质、性质决定用途的概念，并认识物质的多样化。培养学生宏观辨识与微观探析的科学观念，提高了学生从微观角度认识物质及其变化的学科思维。

一、学习者分析

1. 学生已有的知识储备和学习经验：通过教学中前几节课的学习，学生已经学习了氧气、水等物质的物理和化学性质，已经建立了粒子观，可以从微观角度解释许多宏观现象。

2. 学生已有的能力水平：通过前几单元的学习，学生已有了由现象推知性质、由性质了解用途的抽象思维能力，但对于结构与性质的关系并不清楚。通过前几章内容的学习，学生对物质性质的研究也有了一定的方法。

3. 学生的兴趣需求与分析：九年级的学生正值青春懵懂的时候，对未知事物有探索的渴望。这堂课的内容与生活联系紧密，很容易激发起学生的学习兴趣。教师引导学生观察身边的日常生活、搜集相关资料并适时加以归纳，学生的学习积极性会很容易被调动起来。

4. 学生的发展需求与路径分析：本节课的内容与生活联系紧密，是学生渴望学习的化学知识，通过微观动画、生活实践、分析总结使学生初步建立物质性质、结构和用途的关联。

5. 学生学习本科时遇到的困难：学生对多种碳单质结构与性质的关系不了解；对同种元素组成的物质可能是混合物认识不清；对碳和炭认识不清。

二、学习目标确定

1. 通过搜集整理资料和人教社电子教材的视频资料，使学生了解金刚石、石墨和 C_{60} 的物理性质、结构和用途。培养学生自主学习能力。

2. 通过讨论资料的分类依据，使学生进一步认识碳的几种单质的性质，学会处理信息的方法，培养学生的科学素养。

3. 通过讨论碳单质的结构、性质和用途，使学生认识三者的关系，学会从微观角度认识和分析物质的性质，提高学生宏观辨识和微观探析能力。

4. 通过小组合作学习，培养学生的集体精神与合作意识。

三、学习活动设计

表 10　学习活动设计

教师活动	学生活动	活动意图说明
【环节一】 情境导入（2分钟）：通过"碳达峰"与"碳中和"引导出碳的单质 【环节二】 引导学生认识金刚石和石墨的物理性质与用途（6分钟）	观看视频 学生在 PAD 交互系统上共享搜集到的有关金刚石和石墨的视频和文字资料。学生用 PAD 观看学习资料，进行分析讨论，从视频和文字资料中获取有用的信息。通过 PAD 互动系统以小组为单位，学生上传在视频中找到的信息，通过互动系统显示在交互白板上	对学生进行学科思政教育。让学生关心环境，培养社会责任通过观看金刚石与石墨的物理性质与用途的视频资料，学生从视频资料中选择有价值的信息，培养学生处理信息和归纳总结能力

续表

教师活动	学生活动	活动意图说明
引导学生认识物质的性质与用途的关系。（6分钟） 引导学生根据信息的特点，制定分类标准，使学生学会对信息按照一定标准进行分类归纳的自主学习能力。指导学生通过小组实验2B铅笔芯的导电性，使学生认识到石墨的导电性，认识到化学就在生活中，提高学生学习化学的兴趣	小组讨论制定分类标准。学生对展示在交互白板上的每一条信息按标准归类。进行小组兴趣实验，做2B铅笔芯导电性的实验 学生思考回答。学生进行小组讨论。通过对归纳出的物理性质与用途的信息处理与小组探究，了解物质性质与用途的关系	学生进行小组讨论，对于白板上展示的信息，讨论出分类标准，即金刚石和石墨的物理性质和用途这两个标准。学生用PAD学生端把白板上的信息按照金刚石与石墨的物理性质与用途进行归类。通过兴趣实验使学生进一步认识性质与用途的关系
引导学生认识物质的结构与性质的关系（5分钟） 教师视频展示金刚石与石墨的微观立体三维动画和每个小组配备的球棍模型，让学生在PAD上标出金刚石和石墨中每个碳原子等距离的最近的碳原子个数，以此来加深金刚石和石墨微观结构的理解。提出关键性问题3：结构与性质之间有什么关系？学生分小组讨论结构与性质的关系	探究物质的结构与性质的关系。学生观看金刚石与石墨的微观立体三维动画。分小组讨论金刚石与石墨微观结构的特点，从结构角度找出物理性质不同的微观原因，理解结构决定性质的关系	从结构角度找出物理性质不同的微观原因，理解结构决定性质，性质反映结构的辩证关系 及时的课上评价，做到"教—学—评"一体化
课堂评价（5分钟） 评价学生对物质的结构性质与用途的三者关系的掌握情况	学生用PAD课堂互动系统在规定时间内进行测试，并上传答案。系统内自动评分展现在白板上，教师鼓励表现最佳的小组。对系统显示出错率大的试题，教师集中讲解	认识碳单质的多样性。培养学生自主学习能力。通过观看少年科学家的视频，培养学生的社会责任感与民族自豪感

教师活动	学生活动	活动意图说明
【环节三】了解 C_{60}、石墨烯的的结构、性质与用途（4分钟） 视频介绍 C_{60} 及石墨烯的结构、性质和用途使学生认识物质的多样性。还介绍 C_{70}、C_{260}、石墨烯等多种碳的单质，扩大学生的知识广度。介绍通过对中国科学技术大学学生曹原在石墨烯技术上的贡献，鼓励学生热爱科学、拼搏进取，培养学生的社会责任和创新精神	学生观看课前通过网络等搜集有关 C_{60} 的结构和用途方面的视频和文字资料，学生从资料中获取有价值的信息，并通过小组讨论，按照结构、性质、用途，把有用信息进行分类。总结出 C_{60} 的结构特点和主要用途	利用PAD交互系统进行测试，在系统规定时间内完成测试，提交答案。利用PAD课堂交互系统进行测试，以便教师有重点地讲评练习。这种智能交互系统能即时反馈学生的课上测试结果，具有高效性和精准性
课堂评价（5分钟）：通过评价反馈及时掌握学生的学习情况	学生在PAD上进行试题测试	学生观看PAD，并进行小组讨论，从视频资料和文字资料中提取信息。通过两个兴趣实验，进一步了解活性炭的吸附性和炭黑的用途
【环节四】 引导学生认识多种含杂碳单质的用途（5分钟）。展示学生课前搜集的相关资料。让学生代表展示红糖水变白糖水的实验，复习过滤操作，提高实验技能。组织小组活动用收集到的炭黑写大字	学生观看PAD上的视频资源和文字资料，选取有价值的信息，通过小组讨论对信息进行结构、性质和用途的分类。通过对无定形碳用途的了解，认识到化学对生产生活的重要作用。 兴趣活动：小组实验：红糖水变白糖水。小组合作用活性炭吸附红糖色素，再用过滤器过滤。兴趣活动：用收集到的 炭黑写大字	用PAD课堂交互系统进行高效测试。及时反馈学生水平
课堂评价反馈（4分钟） 评价反馈是否目标达成，做到"教—学—评"一体化。 【环节五】 课堂小结（3分钟）。通过小结回顾学习到的知识，掌握核心知识内容	用PAD进行试题测试 小组讨论由组长发言	小组讨论本节课在认识物质结构、性质和用途方面的收获，组内进行课堂表现评价

第七节
探秘溶液的导电性教学设计

本课例教学内容为《义务教育化学课程标准（2022年版）》中"物质组成与结构""物质的化学变化""微粒构成物质""认识化学元素""物质组成的表示"所涉及的内容。本节课是让学生从微观的角度去认识一些常见的溶液是否能导电，以及导电的原因。教学内容主要包括实验演示一些常见的溶液是否能导电以及导电的原因；然后推导出酸中都含有相同的 H^+、碱中都含有相同的 OH^-；我们通过溶液导电性的实验从微观的角度告诉学生溶液导电的原因，又从溶液中只含有共同的一类离子对物质进行酸、碱、盐进行分类，为后继的酸、碱、盐的性质教学和复分解反应的本质原因打下理论基础。

一、学习者分析

金属的导电性学生在物理的学习中已经学过，学生知道金属能导电是因为金属中自由移动的电子在电压的作用下定向移动形成了电流，对"水"能导电学生也知道，但不明白其中的原因。学生在学习"溶液的形成"后对溶液中存在微观粒子有一定了解，同时也具备了常见离子以及原子团（根）的写法，因此学生对本课题的学习有一定的知识基础，教师应该充分利用学生已有的知识和经验，帮助学生继续完善溶液的微观构成。学生在学习过程中遇到的主要困难是没有形成从微观角度去思考问题的习惯，缺乏宏观现象微观分析的能力。

二、学习目标确定

1. 知道溶液能导电的原因；能说出溶液中存在的微观粒子。

2. 知道酸在水溶液中能解离出 H^+ 和酸根离子；碱在水溶液中能解离出金属

离子和 OH⁻；盐在水溶液中能解离出金属离子和酸根离子。

3. 知道什么是酸、碱、盐，能根据它们组成结构进行类别（酸、碱、盐）的判断。

4. 通过教学逐步培养学生的物质微粒观、分类观，并培养学生的对比能力、归纳能力、演绎能力，形成科学观念。

三、学习活动设计

表 11　学习活动设计

教师活动	学生活动	活动意图说明
第一板块：导入（共 5 分钟） 让学生观看旋转的液体实验视频并提出问题氯化钠溶液会不会转动，转动的原因是什么？（3 分钟） 课堂评价（2 分钟）：评价学生实验观察结果的情况，充分肯定学生们在观察实验中的行为，引导出离子导电是溶液旋转的主要原因 第二板块：部分溶液能导电原因（15 分钟） 设问：金属能导电大家比较熟悉，液体或溶液真的能导电吗？这门课我们来学习溶液的导电性。首先大家来测三种大家熟悉溶液是否能导电？学生观察现象并记录 设问：通过上述实验分析，你认为溶液是否能导电可能和什么因素有关？讲解：以氯化钠溶液为例，从微观的角度来分析氯化钠溶液导电的原因	学生在 PAD 交互系统上观看视频学习资料，进行分析讨论，从视频和文字资料中获取有用的信息。通过 PAD 互动系统以小组为单位，学生上传在视频中找到的信息，通过互动系统显示在交互白板上 小组通过观察得出是否转动的结论。对转动的原因进行猜想。 猜想：溶液中有导电粒子才能导电 分组实验：测蒸馏水、蔗糖溶液、食盐水的导电性。观察并记录实验现象。学生听讲后总结：溶液中有离子才能导电	通过观看实验及视频让学生清楚溶液是能够导电的，用转动的原因是什么这个问题，让学生产生极大的学习兴趣，驱动整堂课教学 引导学生观察实验，提升学生的实验观察总结能力，培养学生的化学核心素养。指导学生对产生问题的原因进行大胆的猜测，培养学生科学探究精神 培养学生观察实验，正确分析实验数据的化学核心素养

续表

教师活动	学生活动	活动意图说明
提问：除了氯化钠溶液能导电外，请同学们通过实验，再来看看下面这些常见物质的溶液能否导电（布置实验测乙醇溶液、盐酸、硫酸、氢氧化钠、氢氧化钙、硝酸钾溶液的导电性）	分组实验：测乙醇溶液、盐酸、硫酸、氢氧化钠、氢氧化钙、硝酸钾溶液的导电性。学生进行实验操作并记录现象	学生通过对实验的操作加强学生的动手实践能力，通过对实验现象的观察增强学生的实验素养
提问：根据刚才的实验分析，能导电的溶液中应该有自由移动的离子，那么刚才我们做的演示实验中能导电的溶液里也应该存在自由移动的离子，请学生写出每种溶液中存在的粒子	学生练习	利用PAD交互系统进行系统规定时间内完成测试，提高交互能力
教师巡视了解学生答题情况、展示学生练习结果并点评。提问：那么是不是有离子的物质就能导电呢？请大家测一测固体氯化钠和固体硝酸钾的能否导电	学生思考	教师对学生及时进行评价反馈，了解学情。做到"教—学—评"一体化
教师查看实验结果，提问为什么固体氯化钠和固体硝酸钾不能导电？教师需要从旁协助提醒带电粒子的定向移动才能产生电流	学生进行实验并记录实验现象。回答：固体中有离子但这些离子不能自由移动，所以也不能定向移动形成电流，不能导电	用PAD课堂交互系统进行高效测试。及时反馈学生水平
提问：请学生归纳部分溶液导电的原因	学生回答：溶液中有自由移动的离子	
第三板块：酸、碱、盐的定义（15分钟）【教师】硫酸（H_2SO_4）在水中能解离出H^+、SO_4^{2-}我们可以表示为$H_2SO_4 \rightarrow H^+ + SO_4^{2-}$。其他能导电的溶液也可以用这种方法表示，请完成练习	【练习】盐酸（HCl）在水中能解离出_____，我们可以表示为_____硝酸（HNO_3）在水中能解离出_____，我们可以表示：_____学生对下列表达式进行分析对比并进行归纳	

续表

教师活动	学生活动	活动意图说明
课堂小结（3分钟） 通过小结回顾学习到的知识,掌握核心知识内容。 酸只解离出氢离子和酸根离子的化合物 酸 → H^+ + 酸根离子 教师评价学生对于酸的定义的回答,并予以修正,得出酸的准确定义	$H_2SO_4 \rightarrow H^+ + SO_4^{2-}$ $HCl \rightarrow H^+ + Cl^-$ $HNO_3 \rightarrow H^+ + NO_3^-$ 教师将酸根和氢离子引导出来。学生回答酸的定义 练习:A组物质都能在水中解离出 ____ 和 ____ ;B组物质都能在水中解离出 ____ 和 ____	小组讨论本节课在认识溶液导电的原因和溶液中的离子存在情况起到了至关重要的作用,组内进行小组表现评价
创设情境:讨论下列两组物质在水中解离出来的离子分别有什么特点 	A组（碱类）	B组（盐类）
---	---
NaOH	NaCl
Ca(OH)$_2$	KNO$_3$
KOH	MgSO$_4$ | 教师巡视各组答案,合理引导,让学生从中总结出碱和盐的定义。教师评价学生的回答并修正碱和盐的定义	练习:可以表示为 碱 → ____ + ____ 盐 → ____ + ____ 回答:解离出金属离子和氢氧根的物质叫做碱;电离出金属离子和酸根离子的叫做盐 学生认真听讲并做好笔记	落实知识内容,达成学习目标

四、作业目标设计

（一）作业目标设计

本单元作业设计在教学目标的基础上,围绕落实核心概念——分子与原子展开。作业设计重在落实分子、原子与离子的核心知识,并使知识内容结构化。通过运用粒子观解决实际问题,提高学生的素养与能力。

1.课标目标:通过作业评价,使学生能认识分子、原子,并从微观角度认识物质的构成,解释物质的性质,让学生形成结构决定性质、性质决定用途的化学观念;能运用比较、分类、分析、综合、归纳等方法认识物质组成结构,并形成一定的证据推理能力;通过作业使学生逐步建立模型认知能力,能从微观视角解决实际问题。

2.教材目标:通过作业评价使学生认识分子和原子,并逐步建构粒子观;通过对原子构成的作业设计,使学生构建起原子模型,认识离子的形成过程;通过作业设计,引导学生形成结构决定性质的观念,建立结构、性质与用途的关联,建立科学发展是无止境的化学观念。

3.学情目标:通过作业评价巩固学生对分子、原子的认识,并运用分子与原子知识解决实际问题;通过作业评价让学生形成微观模型认知,学会从分子、原子的角度认识和分析物质的性质,知道探究物质组成结构的方法。

（二）作业整体框架内容

1.单元作业框架:

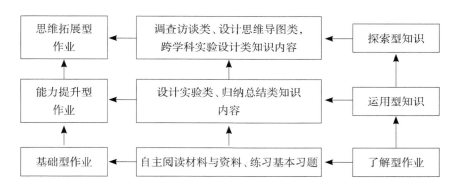

图3　单元作业框架

作业的设计框架基于三部分构成。在基础性作业落实的前提下,关注学生能力水平的提高,让有兴趣和能力的学生完成思维拓展型作业,使学生形成化学观念、发展科学思维、强化创新意识、经历科学探究、增强实践能力、养成科学态度、具有责任担当。

2.课时作业内容及时间:

第一课时（作业时间20分钟）:网络搜索原子的发现史实资料,做好预习准备;完成学生作业档案袋;完成进阶训练（练习题的资料填充附后页）;填写课堂表现评价表。

第二课时（作业时间20分钟）：完成学生作业档案袋；完成进阶训练（习题附后页）；探秘原子的结构课堂表现评价表。

第三课时（作业时间20分钟）：完成学生作业档案袋；完成进阶训练（习题附后页）；探秘原子的结构课堂表现自评评价表。

第四课时（作业时间20分钟）：科学家孜孜以求的科学精神鼓舞着我们不断学习、探索与创新。以前有很多学生利用身边的常见物品对电解水的装置进行了改进。下面是一些学生设计制作的装置，请评价这些装置的优缺点。你有什么奇思妙想？请将你的设计草图画在下面的空白处，并做简要说明，也可以在课余时间利用身边的材料制作水电解装置，并与同伴交流。完成进阶训练。调查目前人们研究物质结构的方法还有哪些，各种工具（方法或者手段）的研究内容有什么？探秘水分子结构课堂表现评价表。

第五课时（作业时间20分钟）：网络搜索多种碳单质的资料，认识多种碳单质体会碳单质的多样性；完成学生作业档案袋；完成进阶训练（资料填充附后页）。

对金刚石、石墨和多种含杂碳单质的使用情况做社会调查，体会碳的单质对社会生活的重要作用；探究金刚石、石墨和C_{60}课堂表现评价表。

第六课时（作业时间20分钟）：网络搜索多种导电性溶液的相关资料，导电性溶液的多样性；完成学生作业档案袋；完成进阶训练（资料填充附后页）；对溶液的导电性在工业和社会的应用情况做社会调查，体会溶液导电性对社会生活的重要作用；探究溶液导电性课堂表现评价表。

3. 单元作业内容。

完成单元学习任务单；制作第1至第6课时的知识结构导图。

（三）作业设计意图

1. 设计说明。

作业围绕着认识分子、原子和离子，并建构出微观粒子模型展开，通过前三课时的学习打下初步基础，在探究物质分子结构的基础上，第5课时和第6课时运用微粒观解决实际问题。通过作业评价使学生从微观粒子的角度把金刚石、石墨和C_{60}的结构、性质及用途进一步认识清楚，并学会从微观离子角度给物质进行分类，通过从分子、原子角度分析物质，逐渐建构出微观模型。

2. 能力培养。通过进阶作业的练习建构物质的微粒观，培养学生的模型认知能力；通过书写单元任务单使学生体会每一节课在整个单元中的作用，体验整个大单元的内容体系，形成科学的认知观念；通过作业档案袋，使学生对自己学习的内容进行反思总结，提高自主学习能力，形成深度学习；通过网络搜集资料，使学生主动参与，形成自主建构的深度学习过程。

（三）作业功能与属性分析

1. 预习性。进行课前网络搜索，对课时内相关的内容资料进行了解。通过学生自主学习搜集资料，对所学内容提前有了初步的认识，为课上的学习内容打下基础。

2. 阶段性。每一课时完成后，学生的作业之一——单元学习任务单，详细地规划了大单元中每一课时的具体学习内容，让学生在每一课时学习后对整个大单元的学习进行反思与联系，形成阶段性回顾。

3. 小结性。作业档案袋的使用，使学生在学习一段时间后，进行对知识的反馈与总结，形成良好的反思习惯。

4. 拓展性。进阶性拓展作业，如对金刚石、石墨微观结构的分析解决问题类的题型，使学生在建立起物质的粒子观以后，学会运用微观模型研究物质，起到学以致用的作用。

5. 实践性。进行社会调查及进阶性作业对学生的学业水平的反馈。如，第 5 课时学生对多种碳单质用途进行社会调查。在进阶性作业中对碳单质社会价值的描述，使学生在实践中感受物质的多样化，作业可以用手抄报或小论文的形式呈现，在社会调查与实践中增强责任与担当。

6. 差异性。本节课的进阶性作业，使学生在完成课上学习后，能获取与自己能力相匹配的作业，起到了因材施教、分类推进的作用。

（四）作业实施与反馈

1. 实施注意事项：学生课前在网上搜集资料，要注意给学生以正确的引导，让学生学会关注有价值的信息，并利用好信息；进阶性作业的设置要调研好学生的真实水平，作业要有针对性，基于诊断性选择题目内容。社会实践类作业要在学生的能力范畴内,使学生都能参与进活动,并从中有收获。

2. 批改方式:纸笔作业的面批、面改;网络作业提交网盘进行集中批改;社会调查作业可以进行以手抄报的形式呈现,优秀手抄报进行全班展示。

3. 批改结果:进阶性作业批改后学生反馈错误原因,教师针对错误原因进行评价,学生在与教师的评价交流中夯实基础、提高能力。社会实践性作业通过优秀案例激发学生的学习兴趣,培养学生的社会责任与担当。网络搜集作业批改后以A到D等级排列,A等级作业在班级群展示,提高学生的实践探究能力。

(五)作业数据统计与分析

1. 统计方法。对于进阶性纸笔作业,采用线上线下相结合的方式,使用智学网及微信小程序,及时反馈。统计方法有得分率、正确率、最高分、最低分、平均分、标准差、试题的信度、难度等,通过这些数据的统计能及时了解试题的选择是否适合学生。通过线上对试题的统计功能,也更便于教师了解学情。指导学生建立学习档案,反映学生的学习和成长经历。对于社会实践作业和课堂表现评价作业,采用手抄报和论文的形式呈现,教师划分等级。

2. 分析角度。学生角度:通过线上和线下的统计及时反馈学生存在的学习问题,教师能及时给予指导。通过评价反馈学生在学习过程中还存在哪些知识落实不到位的情况。教师角度:教师通过线上与线下的作业反馈,了解在知识的传授方面有哪些不足,为日常教学提供改进的依据。通过对试题的信度和标准差的分析,找到学生存在的问题,并在日常教学中及时改进。

3. 结果表达:统计数据经分析处理后纸笔练习型的作业,以等级划分。统计学生等级。社会调查和手抄报按内容及美观程度,按优、良、中、差划分,优秀作业进行班级展示。优秀学生档案袋进行班级展示,给其他同学以经验介绍。

(六)作业讲评辅导

1. 讲评方法。讨论法:对于拓展提升型的作业。采取学生之间以小组互助形式交流研讨。学生之间研讨解题过程,对知识内容互相示范,在小组中进行解题思路的讲解、不同解题方法的展示,对解题规律归纳的尝试等。讲授法:对于基础型的作业,采取教师讲授为主,对于学生学习方法进行指导,知识内容进行梳理,解题规范进行说明,解题思路进行分析。师生互动式:对于作业反馈问题比较多的知识,采用师生互动式讲评。讲评过程中教师与学生交流学习的方法,教师引导学生发现作业中的错误,分析错误的原因,帮助学生改正错误,组织学生对解题过程、方法、思路、规律进行讨论和交流。教师进行归纳指导和总结,并组织辨识训练以巩固与提高。

2. 辅导对象。教师单独进行一对一个人辅导:有针对性,便于学生个人水平提高。教师进行小组辅导:便于把学生分成不同的能力水平,进行因材施教。教师进行课上集体辅导:面向全体学生,便于学生整体水平提高。教师进行在线辅导:时间和地点的灵活度大,便于学生随时学习。

（七）作业作业优化

在作业形式上的改进。多元化评价方式综合运用,科普阅读、成长日记等,使学生养成自主学习习惯,逐渐形成深度学习。

设计跨学科的评价作业。物理学的教学内容也涉及微观粒子,在知识内容上有交叉,所以在作业的设计上可以进行跨学科学习,建构多学科交叉的知识内容体系的作业。

作业针对课标与教材的改进。作业的设计要注重渗透义务教育新课标和教材的内容,挖掘义教新课标的最新改革内容,设计多元化和多层级的大单元的化学作业,引导学生进行深度学习。

五、教学成果

（一）信息技术融入教学过程的说明

利用人教智慧教学平台的课程编辑功能,就可以灵活整合平台上的视频、音频、动画、微课、交互程序等内容。此外,教师还可以整合平台上的优秀教学设计和教学课件等资源。平台还可以上传资源,比如,视频、图片、试题等,上传一次可以永久保存使用,长期的不断积累,使授课资源更加充盈丰满。智慧教学平台的资源中心有"名师资源""校本资源"和"群组资源",使用起来非常便利。

使用 PAD 教学互动系统,资源应用方式更为广泛,例如,可以引入更多社会化资源进入课堂,而不仅仅局限在教材;知识传授方式更为立体,例如,可以采用虚拟实验、视频、声音等形式;考评方式更为科学,例如,课堂测评数据更多维,包括课堂习题提问、反馈与考评更加及时。

在溶液的导电性实验中,使用手持技术显示溶液的电导率,能使学生更加形象地认识到溶液中有可以自由移动的带电粒子。使用微信作业打卡及智学网反馈作业信息,在线上可以直接评分,并立即反馈给学生,让学生进行反思与改进。

（二）信息技术融入教学过程形成的效果

数字教材中的视频和结构动画都很好地展示了物质微观的模拟形态,把抽象问题具象化,降低了教学难度。丰富的视频资源给学生带来了视听享受,及课外知识的补充,使学生学习起来感兴趣、有效果。PAD课堂交互系统的使用使学生学习的专注程度提高了,教学反馈更加及时有效,提高了课堂教学效率。手持技术的应用使学生直观地认识到水溶液中存在可以自由移动的带电粒子,为后续对酸、碱、盐进行分类做了铺垫,使学生理解起来更容易。

（三）学生的收获

通过学习逐步认识分子和原子,了解分子、原子的概念。学生对于物质的微观属性有了一定的了解,进一步认识到物质是由微观粒子构成的,逐步建立起物质的粒子观。了解探究物质结构的方法,增强实践能力。从微观视角对物质的性质进行解读,了解物质的结构、性质与用途的关系。学会从粒子角度对物质进行分类,形成化学观念,解决实际问题。

（四）教师的收获

通过大单元组织教学,发挥大单元的统领作用,每一课时都是整个大单元中的一个环节,教学目标更加具体、更明确,教学具有整体性。教师在组织大单元教学时,要重视科学、技术、社会、环境相关的内容知识的整合,本节课在学生认识分子、原子、离子的基础上,从微观角度对碳单质的物理性质进行分析,在教学中教师加入了比较多的与社会相关的热点为题,在真实情境中解决问题,使学生学起来更有兴趣。

参考文献

[1] 核心素养研究课题组 . 中国学生发展核心素养 [J]. 中国教育学刊, 2016（10）: 1—3.

[2] 中华人民共和国教育部 . 义务教育化学课程标准（2022 年版）[S]. 北京: 人民教育出版社, 2022: 12.

[3] 中华人民共和国教育部 . 普通高中化学课程标准（2017 年版 2020 年修订）[S]. 北京: 人民教育出版社, 2021: 3—4.

[4] 中华人民共和国教育部 . 普通高中课程方案 [S]. 北京: 人民教育出版社, 2018: 6.

[5] 程颖 . 基于数字教材的化学课堂深度学习——以人教版初中化学数字教材为例 [C]// 人民教育出版社人教数字教育研究院, 2022: 3.

[6] 程颖 . 初中化学大概念的提炼与单元主题教学 [J]. 天津教育, 2022（19）: 24—25.

[7] 王东凤 . 数字教育资源在小学数学课堂中的应用 [J]. 数学大世界（中旬）, 2019（1）: 4.

[8] 胡久华, 刘洋 . 基于课程标准设计核心素养导向的单元教学 [J]. 中学化学教与学, 2021（12）: 33—38.

[9] 吴海霞, 王祖浩 . 学科核心素养视域下的单元教学设计研究——以"简单的有机化合物及其应用"为例 [J]. 化学教学, 2020（10）: 45—49.

[10] 陈进前 . 关注知识属性促进深度教学 [J]. 中学化学教学参考, 2020（12）: 1—5.

[11] 陈进前 . 知识内在结构与学科核心素养发展层级 [J]. 中学化学教学参考, 2020（10）: 1—4.

[12] 刘徽 . 大概念教学: 素养导向的单元整体设计 [M]. 北京: 教育科学出版社, 2022: 2, 30—39, 236—264.

[13] 沈洁."大单元"教学设计对化学学科核心素养综合思维的研究——以沪科版必修第二册"氧化还原反应"教学为例 [J]. 新教育,2023（S2）：92—93.

[14] 吴星. 以大概念统领设计义务教育化学课程内容——《义务教育化学课程标准（2022 年版）》解读（二）[J]. 化学教学,2022（11）：3—8.

[15] 温·哈伦. 教育科学的原则与大概念 [M]. 北京：科学普及出版社,2010：1—4.

[16] 房涛. 大单元教学设计理念与实践 [J]. 欢度国庆·华师落实新课标特辑 2022（3）：22—28.

[17] 胡卫平,李霞,陈辉. 基于科学学科核心概念的单元教学设计 [J]. 基础教育课程,2023（06）：66—75.

[18] 李开祥."实验引导探索法"在化学课堂教学中的运用和深化 [J]. 中学化学教学参考,1995（07）：9—13.

[19] 刘知新. 化学学习论 [M]. 南宁：广西教育出版社,1996.

[20] 朱碧华,陈雪萍. 单元整体教学与课时教学的对比分析 [J]. 护士进修杂志,1999（08）：20—21.

[21] 罗春芳. 如何在初中化学教学中提高学生的核心素养 [J]. 数理化解题研究,2017（26）：95.

[22] 田卫兵. 如何在化学教学中培养学生的核心素养和学科关键能力 [J]. 数理化学习（教研版）,2016（4）.

[23] 徐宾. 化学学科核心素养的培养策略 [J]. 中小学教师培训,2017（1）：61—63.

[24] 中华人民共和国教育部：《普通高 .0 中地理课程标准（实验）》[S]. 北京：人民教育出版社,2004.

[25] 郑春花. 地理单元教学设计实践研究 [D]. 北京：首都师范大学,2007.

[26] 王磊,黄燕宁. 单元教学设计的实践与反思——以"氧化还原反应"教学单元为例 [J]. 中学化学教学参考,2009（03）：9—11.

[27] 马兰. 整体化有序设计单元教学探讨 [J]. 课程·教材·教法,2012,32

（02）：23—31.

[28] 孙重阳,孙德志,刘国康.单元教学设计:学科核心素养落地的有效途径[J].江苏教育,2018（51）.

[29] 罗仙福.学科核心素养背景下的高中化学新课导入设计[J].高考.2020（15）.

[30] 程菊.大观念视角下的单元教学设计——写在前面的话[J].地理教育,2020,（10）：25—26.

[31] 钟启泉.学会"单元设计"[J].中国教育报,2015,（06）：9.

[32] 袁书琪.地理教育学[M].北京:高等教育出版社,2001.

[33] 罗合宁.核心素养导向下的初中化学大单元教学——以"水和溶液"为例[J].教育界,2023（13）：115—117.

[34] 王玉芝.核心素养导向下的初中化学大单元教学研究[J].天天爱科学（教育前沿）,2023（02）：188—190.

[35] 钱婷.基于化学核心素养的初中化学大单元教学设计[D].北华大学,2023.

[36] 何敏.核心素养导向下的初中化学大单元教学研究[D].合肥师范学院,2022.

[37] 惠琳.陕北偏远地区初中历史教学现状与对策[D].延安大学,2020.

[38] 刘玉祥.适应新一轮高考改革的投档办法研究——以上海市改革试点为例[J].教育测量与评价（理论版）,2015（12）：4—10+15.

[39] 邓禹南,肖红耘.试论"大单元教学观"——兼谈义务教材单元构建的创新[J].中学语文,1993（07）：8—9+2+1.5.

[40] 刘旭.基于学科核心素养的高中体育课堂教学评价指标体系建构[D].沈阳师范大学,2021.

[41] 王晓军,刘子沐,郑华等.化学学科核心素养引领下的水溶液大单元教学设计与实践[J].化学教育（中英文）,2021,42（17）：50—56.

[42] 裴新宁,刘新阳.为21世纪重建教育——欧盟"核心素养"框架的确立

[J]. 全球教育展望,2013,42（12）：89—102.

[43] 左璜 . 基础教育课程改革的国际趋势：走向核心素养为本 [J]. 课程 . 教材 . 教法,2016,36（02）：39—46.

[44] 田俊华 . 基于学科核心素养的高中思想政治课教学设计研究 [D]. 天津师范大学,2019.

[45] 张攀 . 基于中学生核心素养培养的抛锚式化学教学设计与实践 [D]. 河南大学,2019.

[46] 罗燕芬 . 高中学生政治学科核心素养培养的实现途径 [J]. 教育导刊,2013（05）：85—87.

[47] 林小驹,李跃,沈晓红 . 高中化学学科核心素养体系的构成和特点 [J]. 教育导刊,2015（05）：78—81.

[48] 胡先锦,胡天保 . 基于发展学科核心素养的高中化学教学实践与思考 [J]. 中学化学教学参考,2016（07）：4—7.

[49] 封君 . 基于落实化学学科核心素养的教学实践——以苏教版必修 1 专题 2 "氧化还原反应"教学为例 [J]. 化学教与学,2017（03）：53—55.

[50] 赵扬 . 探索日常命题中的化学素养考查——以 2018 年辽宁省大连市双基测试题为例 [J]. 基础教育课程,2018（Z2）：95—97.

[51] 叶红玉 . 化学学科核心素养视角下的课堂德育渗透实践 [J]. 高考,2018（33）：185.

[52] 郑经历 . 基于"元素价—类二维图"的教学——以《硫的转化》为例 [J]. 读写算,2019（31）：149.

[53] 邹爱文 . 基于核心素养的高三化学二轮复习的方法与策略 [J]. 数理化解题研究,2020（36）：76—77.

[54] 王媛华 . 学科核心素养导向下的单元教学设计——以"氮与社会可持续发展"为例 [J]. 化学教与学,2021（11）：37—39.

[55] 张斌贤,王晨 . 外国教育史 [M],北京：教育科学出版社,2008.（340）.

[56] 张国生 . "大语文教育"实验简述 [J]. 课程 . 教材 . 教法,1987（03）：34—

37.

[57] 曹志钢,李莉,葛岩.实施大单元教学落实学科核心素养 [J].北京教育（普教版）,2020（03）:61.

[58] 施凤鹤.大概念下单元整体教学实施的策略——以氧化还原反应为例 [J].天津教育,2020（13）:85—86.

[59] 朱如琴,王峰.真实情境推动下的大单元教学设计与实践——以"过碳酸钠专题复习"为例 [J].化学教育（中英文）,2020,41（19）:25—31.

[60] 马东,韩书影,黄丹青.新理念新教材新设计——化学核心素养引领下的新苏教版教材大单元教学设计 [J].福建教育,2020（41）:30—32.

[61] 吴庆生.化学大概念单元教学的实践与研究 [J].化学教学,2021（08）:38—42.

[62] 王明霞.大概念指引下的初中化学单元整体教学设计——以化学实验体系三要素为例 [J].天天爱科学（教学研究）,2021（09）:7—8.

[63] 李飞虎.高中大单元活动教学的实践研究——以化学学科为例 [J].数理化解题研究,2021（27）:90—91.

[64] 王云生.体现深度教学理念的大单元教学设计——以中学化学教学为例 [J].基础教育课程,2021（20）:61—67.

[65] 周文杰.核心素养下的初中化学单元教学对策 [J].智力,2022（13）:111—114.

[66] 张仁波,黄丹青.大概念视角下初中化学的单元规划与教学设计 [J].中小学教材教学,2022（1）:76—80.

[67] 刘艳.初中化学"大单元"教学的尝试 [J].吉林教育,2021（33）:51—53.

[68] 唐卓菲.基于跨学科融合的初中化学教学案例设计及实践 [D].合肥师范学院,2023.

[69] 董红.跨学科融合教学的三个关注点 [J].现代中小学教育,2017,33（12）:19—21.

[70] 宋歌.科学教育中的跨学科素养测评框架建构及应用研究 [D].上海:华

东师范大学,2019.

[71] 杜慧洁,舒尔茨.德国跨学科教学理念与教学设计分析 [J]. 全球教育展望,2005（8）:28—23.

[72] 张华.跨学科学习:真义辨析与实践路径 [J]. 中小学管理,2017（11）:21—24.

[73] 徐乐珊.核心素养下初中化学大单元教学设计与实践研究 [D].哈尔滨师范大学,2023.

[74] 林世鑫.指向核心素养的初中化学大单元教学实践研究——以"空气中氧气含量的测定"复习课为例 [J].中学教学参考,2023（02）:77—79.

[75] 张敏,王风丽.核心素养导向下初中化学大单元教学的意义与设计思路 [C]// 中国国际科技促进会国际院士联合体工作委员会.2023 年教育教学国际学术论坛论文集,2023:4.

[76] 高玉芹.化学学科核心素养引领下的水溶液大单元教学设计与实践 [C]// 廊坊市应用经济学会,2022:4.

[77] 王远江.核心素养下怎样整合初中化学大单元教学 [C]// 廊坊市应用经济学会.对接京津——社会形态基础教育论文集.对接京津——社会形态基础教育论文集,2022:3.

[78] 武艳.基于核心素养的高中化学大单元教学设计探讨 [J]. 安徽教育科研,2022（21）:48—50.

[79] 戴文清.指向核心素养的高中化学大单元教学设计——以鲁科版必修一"认识化学科学"为例 [J].教师,2022（11）:63—65.

后　记

　　刚参加工作时,我经常问自己这样一个问题:要做一名优秀的教师,应该具备的最重要的条件是什么? 是优美的语言、广博的知识,还是丰富的经验? 在实践中我发现:作为一名优秀的教师不仅要有以上三点,最重要的是要有爱心。

　　记得我班上有个男生,由于身体原因,学习行动极慢,爱打瞌睡,学习也不刻苦,处理一道题目所需的时间远远超过其他学生。针对他这种情况,我采用了分类推进的方法,在课堂上设计了适合他的教学方法。我尊重他的观点和看法,树立他的自信。放学后,我经常留下来义务给他补习功课,我们常常是披星戴月地离开学校。我专门为他出题检测,在能力达到的范围内让他获得应有的成绩,唤起他对认同和赏识的渴望。在中考中他取得了比较优异的成绩。记得中考结束后他跟我说过的一句话:"您真好,我能叫您程妈妈吗? "我喜欢和学生们在一起,尊重学生的个人空间,学会聆听和观察学生。班里的一位学生脚崴了,大冬天在教室里露着脚踝,我及时送去了毛毯让她盖在腿上;有的学生上课瞌睡了,我不会马上责备他,而是先询问身体状况和在家里的休息情况。学习上有畏难情绪的学生,我会先进行家访,再和他沟通;曾经有过下班后连续不停地家访五名学生家庭的经历,我到家时已经快十点了,儿子已经睡觉了……师爱就像春天里的一缕暖流,润物细无声般渗透进学生的心田里,让爱的种子生根发芽。

　　2020 年 4 月 20 日初三复课了,我成为一名每周有 27 节课的超工作量的班主任。从早上 6:50 开始给学生量体温,到每节课开窗消毒;从叮嘱每个学生正确佩戴口罩,到中午配餐管理。事无巨细,一天下来口罩已经把我的嘴皮磨破,脸上的皮肤因过敏起泡。学生们注意到我脸上过敏,他们手工做了一个真丝面料的口罩送给了我,我深受感动。这比金子还贵重的礼物,包含着学生对老师的关爱。

　　我参加了天津市河东区"护苗行动",为医护子女 24 小时全程辅导化学。我辅导的学生是一个要强的孩子,对于中考有一定的焦虑。他也担心一线母亲的安危。每天我都在他空闲时间里和他聊天,谈理想、谈趣闻,缓解孩子的压力和焦虑,让他要为妈妈而骄傲。我定时为孩子用微信推送精选的试题。孩子每天睡得很晚,我也守着微信陪着他,随时为他答疑解惑,生怕睡着了错过他提出的问题。一个多月的陪伴,考试时孩子的化学成绩名列前茅。孩子也不再焦虑,对中考充满自信。

有时对学生们的爱,需要我和家人一起付出。初三毕业班教学任务重,我经常放学后义务为学生补习到很晚。有时就忘记接儿子放学,当天色渐黑,我匆忙赶到,看到一直站在小学传达室里的儿子时,他满眼泪水。儿子认为我对学生比对他要有爱心。由于工作忙,我的父母承担了几乎所有的后勤保障任务,连家里装修都是父母承担起来。看着年已七十的父亲扛着建筑材料忙碌的身影和累病在床的母亲,我倍感惭愧。但我的亲人理解我,他们支持我热爱的事业。2013 年,我接受了一次手术,但为了不耽误学生的学习,我选择在假期进行手术。尽管手术后的伤口尚未完全愈合,我仍然坚持上课,为毕业班的学生们授课。2018 年由于劳累过度,我晕倒在讲台上。当看到教过的全国各地的学生回母校看望我时,我内心感到无比欣慰,感受桃李满天下的芬芳。

爱学生就要给学生最好的教育,如此,我便要有过硬的教学能力、科学的教学方法。

为了提高教育教学能力,我大量阅读教育教学名家的著作、每天撰写教育教学札记、反思笔记就已经记录了十几本。这些随笔积累下来就是一笔教育教学的财富。在教学中,我努力将每一节课打造成为精品课,追求卓越和高质量的教学效果。

我作为主要参与者曾参加天津市基础教育"十二五"教育科研规划课题"化学课堂教学有效提问的策略研究";独立承担了天津市双新课题"初中化学核心概念深度学习的研究"、河东区教育教学重点调研课题"初中化学低负高效课堂教学典型案例的研究",并获得成果一等奖;我也是天津市基础教育"十三五"教育科研课题"基于发展学科核心素养的中学化学有效教学策略研究"的主要参与者。我撰写的多篇论文获国家和市区级奖项。天津市河东区教育局大力支持我的名师工作室建议,并有教学专家进行定时辅导。在教学中,我也一直在做课例研究,积累了较成熟的研究经验。

现将多年经验加以整理总结,编成此书,希望能为中学化学教师提供一些参考。未来,我将继续不忘初心、砥砺前行,持续推进素养导向的化学大单元教学实践探索,努力激发学生的学习潜力、创造力和动手能力,让学生在化学的海洋里快乐遨游!

程 颖

2023 年 9 月